# Código do Reino

JOÃO J. MOUTINHO

# CÓDIGO DO REINO

Interpretações bíblicas e evangélicas à luz
da Codificação Kardequiana – I

feb

FEDERAÇÃO ESPÍRITA BRASILEIRA

**ISBN 978-85-7328-629-8**

B.N.

**1ª edição** – *Do 1º ao 3º milheiro*

000.3-O; 10/2009

Capa: Agadyr Torres Pereira

Projeto gráfico: Nathanael Souza



*Composição e editoração:*
*Departamento Editorial e Gráfico – Rua Sousa Valente, 17*
*20941-040 – Rio de Janeiro (RJ) – Brasil*
*CNPJ nº 33.644.857/0002-84* *I.E. nº 81.600.503*

**Pedidos de livros à FEB – Departamento Editorial**
**Tel.: (21) 2187-8282, FAX: (21) 2187-8298.**

CIP-BRASIL. CATALOGAÇÃO-NA-FONTE
SINDICATO NACIONAL DOS EDITORES DE LIVROS, RJ.

M895c

Moutinho, João J.

Código do reino: interpretações bíblicas e evangélicas à luz da Codificação Kardequiana I / João J. Moutinho. – Rio de Janeiro: Federação Espírita Brasileira, 2009

168p.; 21cm

ISBN 978-85-7328-629-8

1. Espiritismo. I. Título.

09-4704. CDD 133.9
CDU 133.7

09.09.09 16.09.09 015114

# *Sumário*

## SEGUNDA PARTE

# *No encalço do Mestre*

*"Então, abriu-lhes o entendimento para as escrituras."*
(Lucas, 24:45.)

Compreende esta obra despretensioso esforço na coivara permanente a ser imposta no terreno da Codificação, tendo em vista os preconceitos, os dogmas e os emblemas que, em face das milenares imposições, constituem a cultura das religiões tradicionais.

Enquanto o emérito benfeitor Emmanuel, inconfundível nas lides de interpretação evangélica, analisa os versículos em separado, indiferentemente do capítulo a que pertençam, reserva-se aqui o cuidado de estudar o capítulo em si, restaurando o pensamento de origem, bem distinto da exegese tradicional.

Os textos evangélicos anotados pelo autor propõem três blocos: a primeira parte do livro reúne apontamentos que contemplam cultura e condicionamento milenares, impostos por doutrinas conservadoras, a exemplo do batismo e do pecado original, enquanto a segunda parte, também de citações evangélicas, compõe um bloco distinto, embora constem igualmente do livro *Salmos*.

As lições ignoradas pelos exegetas — o terceiro bloco — constituem o livro *Notícias do Reino*, também do autor.

Oportuno recordar outros textos, nos quais o ínclito Espírito Allan Kardec e seus assessores espirituais, denunciando sabedoria, bom senso e humildade, estabelecem, nas obras basilares, os eternos fundamentos do Consolador, enquanto Emmanuel reúne inusitados esclarecimentos sobre novecentos versículos,[1] sedimentando a melhor compreensão evangélica à luz do Espiritismo.

A segunda parte reúne apenas os salmos a que o Evangelho faz referência; por seus autores não serem catalogados como profetas, suas produções literárias são qualificadas de sapienciais. Há que se admitir, no entanto, por mediúnicas as expressões a que o Senhor faz alusão, e por oráculos os oito primeiros, porque anotam as ocorrências do Calvário, ainda que no domínio exclusivo da intuição.

Traduções da Editora Ave-Maria atribuem 74 capítulos dos *Salmos* a Davi, dez aos filhos de Coré, oito a Asafe, dois a Salomão e um, respectivamente, a Hemã, a Etã e a Moisés. A maioria, pois, pertence a Davi, que viveu cerca de dez séculos antes de Cristo, desconhecendo-se a origem dos 53 capítulos restantes.

No uso da liberdade que o direito consagra, compreendem-se as diversas ilações que surgem nesse terreno, recordando a escola religiosa de cada ser. Importa dizer que as interpretações aqui contidas não se distanciam da orientação consagrada por Emmanuel porque constituem parâmetro ao exame de qualquer texto evangélico, embora, como disse Simão Pedro, nenhuma profecia ou escritura possui particular interpretação (*II Pedro*, 1:20).

---

[1] *Pão Nosso; Fonte Viva; Vinha de Luz; Caminho, Verdade e Vida* (FEB); *Palavras de vida eterna* (CEC).

# *Código do Reino*

*"Buscai, antes de tudo, o Reino de Deus, e o resto vos será dado por acréscimo."*

(LUCAS, 12:31.)

*O código do Reino* define-se por adequadas interpretações atribuídas pela Codificação a textos evangélicos, cujas traduções, por vezes, sancionam a cultura imposta milenarmente por religiões convencionais, induzindo a improcedentes raciocínios, não obstante procederem de fonte cristalina.

Na pureza de origem, pois, o Evangelho recorda o código do Reino antes de modificado por tradições e dogmas que lhe emprestaram diferente estrutura.

*O Reino de Deus*, traduzido por estado íntimo de paz e ventura, define-se pelo patrimônio moral, inalienável, enquanto o reinado terreno, admitido por "resto", compreende os "talentos" que denunciam o título de "mordomo" e o imperativo da prestação de contas, por maiores sejam as economias ou autoridade de que os seres são apenas depositários.

*A conquista do Reino* compreende o domínio de si mesmo, pela reforma íntima e correções a que se submete, porque orientado pelas revelações contidas no código do Evangelho.

A conquista do Reino ainda recorda, simbolicamente, o ser a quem o "fruto da árvore da vida" faculta a vida eterna

(*Gênesis*, 3:22), propondo-lhe o ingresso nos planos superiores, situados noutra dimensão, com o término das experiências terrenas, a que, eventualmente, pode retornar na condição de missionário.

Libertando as pessoas do apego ao reinado da Terra, o código ainda esclarece que, assim como o Pai celestial alimenta os pássaros do céu, que não semeiam nem ceifam, vestindo os lírios do campo, que não fiam nem tecem, Jesus conhece as exigências da vida orgânica, que promete aos que emprestam preferência ao reinado espiritual.

Aqueles que atribuem sua habilidade à evidência e à riqueza que alcançam no cenário transitório da vida física devem conhecer as palavras de Jesus, endereçadas a Pilatos, quando alega dispor de autoridade para soltá-lo ou para mandar crucificá-lo: "*Nenhuma autoridade terias sobre mim, se de cima te não fosse dada*". (*João*, 19:10 e 11.)

# *Primeira Parte*

# 1

# *Revelação mediúnica*

> *"E vós, perguntou Jesus aos apóstolos, quem dizeis que Eu sou? Simão Pedro respondeu: Tu és o Cristo, o Filho de Deus vivo. Jesus então lhe disse: Bem-aventurado és, Simão, porque não foi a carne nem o sangue que te revelaram isto, mas meu Pai que está nos Céus. Tu és Pedro e sobre essa pedra edificarei a minha igreja e as portas do inferno não prevalecerão contra ela. Dar-te-ei as chaves do Reino dos Céus, e tudo o que ligares ou desligares na terra será ligado ou desligado nos Céus. Desde então começou a dizer aos discípulos que seria morto e ressuscitaria no terceiro dia, o que levou Pedro a reprová-lo. Mas Jesus, voltando-se, disse-lhe: afasta-te de mim, Satanás, tu és para mim pedra de tropeço."*
>
> (MATEUS, 16:15 a 23.)

Distintas definições Jesus atribui às respostas mediúnicas de Pedro, até agora examinadas sob o domínio da cultura tradicional. A primeira resposta do Apóstolo, julgada autêntica, o Cristo a qualifica de pedra angular ou alicerce sobre o qual edificaria sua igreja. A segunda, no entanto, entendida por apócrifa, o Senhor lhe empresta o adjetivo de pedra de tropeço.

Não foi ao corpo de Simão nem ao seu Espírito a que o Mestre fez alusão, conferindo o mérito da revelação, nem admitindo-o por pedra de tropeço, tanto assim que afirmou não ter sido a carne nem o sangue que o revelaram.

Jesus fazia referência à faculdade mediúnica de Pedro, pela qual o Pai celestial, por intermédio de Espíritos superiores, manifesta-se aos seres do mundo físico.

Buscando maior transparência para o texto, propõe-se a substituição do termo igreja por "doutrina", emprestando ao vocábulo pedra o significado de "alicerce" ou "base", com o que a oração terá a seguinte construção: sobre essa base edificarei a minha doutrina. A base do fenômeno que dera origem à resposta que Jesus abençoou fora, pois, a mediunidade.

Jesus não se referia tampouco à construção de templos físicos, porquanto as edificações com que ainda se preocupa são as do Reino dos Céus, nos corações humanos.

Forçoso é convir que, sendo fator de comunicação, se a mediunidade enseja revelações de Espíritos moralmente superiores, igualmente transmite os pensamentos de Espíritos das diversas escalas evolutivas, para o que Jesus recomenda a vigilância que o conhecimento espírita pode assegurar. Esse o motivo que o levou a rejeitar a mensagem do Apóstolo, que encerra a parábola, quando diz: "Afasta-te de mim, Satanás, para mim és pedra de tropeço". Neste caso, a mensagem, também de origem mediúnica, procedia de Espírito inferior, que só Ele possuía valores para identificar.

O texto ainda assegura que as portas do desconhecido não prevaleceriam contra a mediunidade à luz da Codificação.

Convém esclarecer que, se portas simbólicas se fecham com a morte, traduzindo o desconhecido, janelas se abrem com a mediunidade, restabelecendo a comunicação com os seres do Além.

Foi, pois, sobre o alicerce da mediunidade sublimada, fonte das mensagens diversas recicladas por Kardec, que, no século XIX, Jesus "edificou sua doutrina" (*Mateus*, 16:18), "enviou o Consolador Prometido" (*João*, 14:16) e "restabeleceu todas as coisas" (*Mateus*, 17:11).

Assim como o telescópio comprova a existência dos mundos físicos dispersos na imensidão do universo, a mediunidade sublimada revela, igualmente, a existência do mundo espiritual e, consequentemente, a imortalidade do Espírito.

Enquadrar os fenômenos como paranormais não foi, todavia, o grande mérito do Codificador, considerando que, sob diversas denominações, a mediunidade sempre esteve presente entre os seres terrenos.

Os oráculos ou profetas do pretérito, contudo, nunca informaram ao homem a existência de uma sociedade organizada no Além.

Com Kardec, a mediunidade revela a imortalidade do Espírito, o processo de evolução, incluindo a reencarnação e a lei de causa e efeito, além de traçar diretrizes seguras para o seu próprio exercício.

Que não se olvidem o reconhecimento e o respeito ao ínclito Codificador, responsável pela estrutura do grande edifício da Doutrina Espírita, porquanto mensagens espíritas ou meros fenômenos mediúnicos sempre existiram na Terra, desde as eras mais remotas da Humanidade.

Todavia, foi no século XX e sob a mesma base, mercê das raras e sublimadas faculdades do médium de Pedro Leopoldo (MG), que se implantou em definitivo, no mundo das consciências, imagem mais transparente da vida espiritual.

Assim como a Ciência procurou fugir ao domínio das influências atmosféricas, colocando em órbita aparelhagem de última geração, com a qual se obtêm imagens mais limpas do Universo, igualmente, médiuns de reconhecida idoneidade moral e possuidores de elevada conscientização espírita definem, atualmente, novo conceito sobre a comunicação espiritual. Sem a interferência da atmosfera de antigas culturas dominadoras e das imperfeições morais do homem comum, suas faculdades permitem atravessar fronteiras dimensionais, alcançando outros planos tão conhecidos seus, com os quais estabelecem comunicação permanente.

As portas da morte não mais prevalecerão contra a doutrina edificada em sólidas bases da mediunidade sublimada, por comprovar a vida prosseguindo noutra dimensão.

Finalmente, o Mestre termina dizendo que daria a Pedro as chaves do Reino dos Céus, sobre o que Allan Kardec informa: "O Espiritismo é a chave, com o auxílio da qual tudo se explica de modo fácil".[2] É oportuno lembrar que o entendimento acerca da vida espiritual e a vivência do "amai-vos e instruí-vos" do Espírito de Verdade abrem, no mundo íntimo, lugar à legítima felicidade, além de descerrarem as portas dos mundos felizes — símbolo do Reino divino — porque o comportamento e as ações de cada ser na Terra determinam, na escala da evolução, seu estado nos planos do Além, outro motivo pelo qual as portas do inferno não prevalecerão.

Por isso, o Mestre ainda afirma que tudo o que se ligar ou desligar na Terra, por significar ações ou sementeiras diversas, representa, igualmente, colheita invariável de alegria ou de sofrimento no porvir.

---

[2] *O Evangelho segundo o Espiritismo*, cap. I, item 5.

# 2

# *Mediunidade*

*"De repente veio do céu um som, como de um vento impetuoso, e encheu toda a casa onde os discípulos estavam assentados. E apareceram, distribuídas entre eles, línguas como de fogo, pousando sobre cada um deles. Todos ficaram cheios do Espírito Santo e passaram a falar em outras línguas, segundo o Espírito lhes concedia que falassem."*

(Atos, 2:2 a 4.)

Definida por percepção, sexto sentido ou paranormalidade, e como futuro patrimônio de todos os seres, a mediunidade é faculdade que se manifesta pela menor resistência orgânica encontrada pelo Espírito comunicante, sendo igualmente atributo que se desenvolve através das etapas sucessivas de experiências, na Terra ou na Espiritualidade, considerando que o medianeiro sério prossegue as atividades mediúnicas na condição de Espírito liberto.

Qualifica-se de "sublimada", nos seres mais evoluídos, quando a serviço do bem; considera-se "vulgar" nas criaturas de pouca maturidade espiritual, quase sempre a soldo dos interesses imediatos da vida transitória; e classifica-se de "torturada" quando se manifesta sob a forma de obsessão, desde a mais simples à de solução mais complexa.

A faculdade pode denominar-se "produtiva", quando programada e estruturada no plano dos Espíritos, segundo as atividades a serem realizadas na Terra, onde continua sob o apoio superior, na proporção de sua seriedade, ou admitida por "improdutiva", quando não existe qualquer programa de utilização ou porque são apenas manifestações de "forças mediúnicas em elaboração".

Além do índice de percepção, a faculdade se estabelece em nível de relações fluídicas a serem definidas, moralmente, entre Espírito e médium, o que vale dizer que não basta desenvolvê-la para se identificar com Espíritos superiores, o que apenas se consegue somando à mediunidade significativos valores morais.

O Codificador qualifica de bom o médium que, no exercício da faculdade, vem a ser menos enganado. Informa, ainda, que a impaciência ou o desejo imoderado de desenvolver a mediunidade não devem levar a criatura a aceitar o concurso de Espírito moralmente inferior, com o intuito de libertar-se dele ao alcançar o objetivo, porque sua influência pode constituir-se, depois, em processo obsessivo de difícil solução. A mediunidade, lembra ele, deve ter o seu desenvolvimento espontâneo, depois da conscientização doutrinária imposta pela Codificação, por constituir, com os valores morais adquiridos, a defesa e a bússola, ou a espada e o alforje recomendados por Jesus aos apóstolos, momentos antes de sua prisão.

Constitui grave equívoco o desenvolvimento da mediunidade, recomendado à guisa de tratamento, às pessoas espiritualmente enfermas.

Convém lembrar que todos os médiuns participam, embora inconscientemente, em maior ou menor escala, das atividades mediúnicas, porque a faculdade tem por base a mente, por onde fluem os pensamentos próprios e os dos Espíritos que se comunicam.

A mediunidade vem a ser o "dom" a que fez referência o profeta Joel, ao dizer: "No fim dos tempos derramarei de meu Espírito sobre todo o ser vivo" (*Joel*, 2:28 e *Atos*, 2:17), ou o "Espírito Santo" a que se refere Paulo quando pergunta aos efésios: "Recebestes o Espírito Santo quando fostes batizados?" (*Atos*, 19:2); ou ainda o batismo a que alude João Batista quando afirma que, depois dele, Jesus batizaria com o "Espírito Santo" (*Lucas*, 3:16).

O profeta Jeremias e o apóstolo João recomendam que não se deve crer em toda revelação mediúnica, sendo necessário verificar se ela procede de Deus (*Jeremias*, 23:16). Por isso, o grande mérito atribuído a Kardec consiste em identificar a procedência do fenômeno, atento à orientação do Cristo, segundo a qual pelo fruto se reconhece a árvore.

Creso, rei dos medos, facilmente comprova as qualidades paranormais da pitonisa de Delfos, em Atenas, por ser o único oráculo a revelar que preparava uma tartaruga numa panela de bronze. No entanto, destrói, ingenuamente, o próprio reinado numa guerra contra Ciro, rei da Babilônia, por não entender o sentido oculto de outra mensagem, da mesma pitonisa, ao dizer: Destruirás uma grande nação (Heródoto).

Abraão, o patriarca, não obstante as qualidades morais e o elevado índice de percepção mediúnica que possui, prepara-se para oferecer, em holocausto, o filho, porque, descuidadamente, deixa de examinar o conteúdo da mensagem auditiva que recebe, ainda hoje equivocadamente atribuída a Deus, sendo necessária a manifestação divina, que lhe exclama: "*Abraão, não estendas a tua mão contra o menino*". (*Gênesis*, 22:12.)

De acordo, pois, com a Codificação, é pelo conteúdo que se reconhecem a qualidade e a procedência da mensagem mediúnica, e não pelo nome do Espírito ao qual se atribui a mensagem.

O exame do conteúdo, no entanto, corresponde invariavelmente à cultura e à maturidade espiritual de quem analisa. Essas as qualidades de Allan Kardec ao reciclar o volumoso material que lhe chegou às mãos, no trabalho da Codificação, em igualdade com o que ensinou o Cristo ao identificar as duas revelações procedentes da mediunidade do apóstolo Pedro.

A existência de falsos médiuns ou a mediunidade a serviço de interesses subalternos não constituem motivo para condená-la, como não se condenam os modernos meios de comunicação, porque também mal utilizados.

Todos os profetas ou oráculos da Antiguidade são considerados paranormais, maiores ou menores, segundo a classificação da Igreja. Moisés, relacionado entre os maiores, embora a censura que impõe à magia, faz referências honrosas à mediunidade quando se refere a Eldade e a Medade, que profetizavam no campo, esclarecendo: "*Quem me dera que todos profetizassem*". (*Números*, 11:26 a 29.) O rei Saul, ciente das instruções impostas por Moisés, dirige-se disfarçado à pitonisa de Endor, procurando orientação do espírito Samuel, o juiz que lhe havia concedido a unção de rei (*I Samuel*, 28:8).

Foi o Cristo, porém, quem enalteceu a mediunidade com a manifestação no Tabor, onde, à vista de dois apóstolos, dialogou com os Espíritos Moisés e Elias (*Mateus*, 17:3).

Não obstante suas extraordinárias demonstrações, os médiuns, qualificados de bruxos pela Igreja, foram perseguidos e condenados a diversas torturas e à morte pelo tribunal do Santo Ofício.

Como fator de comunicação espiritual, constitui-se a mediunidade, quando vulgarizada, de pedra de tropeço — condenada por Moisés e Jesus — mas, quando sublimada, constitui-se de pedra angular ou de sólido alicerce na restauração do Cristianismo, por comprovar a continuidade da vida organizada além das portas que o túmulo cerra à vida terrena.

# 3

# *Seara e trabalhadores*

> *"Vendo Jesus as multidões, compadeceu-se delas, porque estavam aflitas e exaustas, como ovelhas que não têm pastor. Então disse a seus discípulos: A seara, na verdade, é grande, mas os trabalhadores são poucos. Rogai, pois, ao Senhor que mande trabalhadores para a sua seara."*
>
> (Mateus, 9:36 a 38.)

Para se compreender o texto evangélico, imperioso conhecer, igualmente, a Parábola dos Trabalhadores Maus.

> *Certo homem plantou uma vinha, arrendou-a a lavradores e ausentou-se do país. Ao tempo da colheita, mandou seu servo aos lavradores para receber o fruto que lhe tocava; os lavradores, porém, depois de espancá-lo, o despacham vazio. Diante disso, o homem enviou-lhes outros servos que foram tratados da mesma forma. Então disse o dono da vinha: Enviarei meu filho amado, pois talvez o respeitem. Vendo-o, os trabalhadores disseram: Este é o herdeiro; matemo-lo para que a herança nos pertença.*
>
> *Que fará, pois, o dono da vinha aos lavradores? Exterminará os lavradores, disseram, transferindo a vinha a outros vinhateiros.* (*Lucas*, 20:9 a 16).

A vinha compreende o mundo, enquanto a Humanidade recorda os lavradores aos quais o Senhor arrenda a propriedade. O fruto da vinha deve ser traduzido por aquisições morais a serem obtidas no amanho do solo simbólico. O título de servo deve ser atribuído aos profetas e missionários que, admitindo a extensão da seara íntima, voluntariamente visitam a lavoura, de cujos seareiros recolhem hostilidade, incompreensão e maus-tratos.

O Celeste Herdeiro, por se compadecer extremamente dos lavradores, igualmente comparece à seara do mundo, onde recolhe, de corações simples, hosana e louvores que contrariam os seareiros, pelos quais é conduzido ao Calvário, depois das messes de amor que lhe emprestam significativo testemunho.

Compreensível admitir a presença de Espíritos que, denunciando edificação íntima, já assinalam a extensão da lavoura do Cristo — o solo dos corações humanos a ser tratado — anotando, ainda que distantes do título de missionário, o apelo celeste, admitindo-se às tarefas elementares do apostolado.

Nos dias atuais e na condição de iniciante, o servo não deve estranhar por receber trato idêntico daqueles que, identificando apego ao solo, temem perder os louvores e as gratificações que lhes são atribuídos, olvidando que o Divino Herdeiro, no mesmo terreno, ainda recolhe o espinho da ingratidão.

Considere-se que, se no pretérito ou no presente o servo do Senhor só conhece maus-tratos e insultos morais, torna-se difícil ao Proprietário enviar outros servos à vinha da Terra, mesmo ouvindo súplicas em favor dos lavradores, pois observa que, isentos dos quadros expiatórios, somente na condição de *voluntários*, os missionários comparecem à seara da vida terrena.

Diante do exposto, acredita-se que o Consolador compreenda resposta aos rogos a que o Senhor faz referência, por reunir novos lavradores, aos quais o Divino Herdeiro está arrendando a vinha.

Distantes ainda do quadro de missionários, os novos trabalhadores da vinha, em nome do Consolador, visitam as várias glebas do orbe terreno, recordando que o sofrimento eventualmente esperado — inferior às alegrias oriundas da condição de servo do Senhor — seja contabilizado na redução de pretéritos compromissos espirituais, de que os profetas e os lídimos missionários sempre estiveram isentos.

A inveja de Anás e Caifás, determinando a crucificação ao Celeste Herdeiro, ainda se traduz por significativo obstáculo ao servo que, na condição de convidado, aceita o convite do Consolador, assinalando sua presença à seara do Evangelho.

A apropriação indébita da vinha, compreendendo objetivo dos antigos seareiros, deve ser traduzida por apego aos bens terrenos, incluindo os configurados nos títulos e nas posições de que os falsos obreiros evitam ser afastados, por recolherem, nos louvores e nos elogios, os frutos com que alimentam a vaidade e o orgulho próprios.

Considerando, pois, as hostilidades com que os servos do Senhor sempre foram recebidos pelos seareiros, simbolizados nos seres terrenos, e a morte imposta ao Filho amado, não se deve estranhar que a vinha esteja sendo arrendada a outros seres, adeptos da Codificação, enquanto os primeiros lavradores, por seu comportamento, sejam afastados para glebas estranhas e confiados à orientação de novos proprietários.

# 4

# *Bom Samaritano*

*"Jesus então contou: um homem, que descia de Jerusalém a Jericó, caiu nas mãos de ladrões, que o despojaram; e, depois de o terem maltratado com muitos ferimentos, retiraram-se, deixando-o meio morto. Por acaso desceu pelo mesmo caminho um sacerdote; viu-o e passou adiante. Igualmente um levita, chegando àquele lugar, viu-o e passou também adiante. Mas um Samaritano, chegando àquele lugar, viu-o e moveu-se de compaixão. Aproximou-se, atou-lhe as feridas, deitando nelas azeite e vinho; a seguir, colocou-o sobre sua montaria e levou-o a uma hospedaria. No dia seguinte deu dois denários ao hospedeiro, dizendo: trata bem deste homem e, quanto gastares a mais, na volta to pagarei."*

(Lucas, 10:30 a 35.)

Na esfera da evolução, percorre o homem séculos e milênios, reinos e povos, nascendo e morrendo, até que o barco da evolução alcance o porto seguro da sublimação espiritual. Enquanto isso, a criatura não se isenta das ásperas e incômodas viagens de reconstruções e acertos aos mares revoltosos das reencarnações.

Por vezes extasia-se com a beleza das esferas superiores da Jerusalém espiritual, onde estagia visando sedimentar instruções para o porvir, delas se ausentando por empreender a descida à Jericó da existência carnal, atenta aos reclamos da consciência culpada, porque contra o anseio das claridades de cima existem os milênios de crimes sombreando os passos do presente.

Na ausência da segurança imposta pela virtude, fica o aprendiz exposto ao assalto das paixões e dos vícios, que são os parceiros dos milênios e pelos quais se encanta, à semelhança de troianos desprevenidos, abrindo ao inimigo os portões do coração, num convite à própria destruição. Os salteadores, depois de roubarem e ferirem as últimas reservas das resistências espirituais, o abandonam à condição de semimorto espiritual.

Por vezes, o indivíduo se acredita preparado a vencer as sugestões da animalidade, da avareza, do orgulho e da maledicência, para sucumbir, sem resistência, ao seu imperativo.

Jesus, todavia, acompanha sempre a criatura para o auxílio decisivo e oportuno. E, se o socorro falha, conforme previsto pelo plano maior, nas mãos dos sacerdotes e levitas que se diplomaram para isso, a assistência surge, inquestionavelmente, nas mãos dos bons samaritanos, que não encontraram na Terra os pergaminhos que autorizam a realização do serviço. Tampouco são conhecidos do mundo, ao qual não pertencem, no dizer de Jesus. Mas, tal como Ananias que atende a Saulo depois da exortação do Cristo, surge para todos o auxílio dos samaritanos depois das sendas de Damasco.

Os hospedeiros são almas que já se afeiçoaram à arte de conjugar os verbos amar e servir, pelo que recebem o soldo que a traça não rói e a ferrugem não consome, auxiliando, na viagem de retorno à casa paterna, os filhos pródigos que se feriram nos acidentes a que foram conduzidos pela própria incúria, indiferentemente à religião a que se afeiçoaram.

Se o próximo é o que usa de misericórdia para com os caídos do caminho, Jesus é quem está mais perto de todos, pelo amor e pelo sentimento, acompanhado de Espíritos de escol, como Bezerra, Barsanulfo e outros.

Apesar de a vaidade humana guardar a pretensão de manter o Cristo nos círculos acanhados do sectarismo religioso, Jesus prossegue trabalhando e amando indistintamente, ratificando o seguinte preceito: "*Se vos amardes uns aos outros como Eu vos amei, sereis reconhecidos como meus discípulos*". (*João*, 13:34 e 35.)

## 5

# *Magos*

> *"Tendo Jesus nascido em Belém da Judeia, em dias do rei Herodes, eis que vieram uns magos do Oriente a Jerusalém e perguntaram: Onde está o recém-nascido Rei dos judeus? Porque vimos a sua estrela no Oriente e viemos para adorá-lo. Tendo ouvido isso, alarmou-se o rei e, com ele, toda Jerusalém. E disse-lhes Herodes: ide informar-vos a respeito do menino e, quando o tiverdes encontrado, avisai-me para eu ir também adorá-lo. Depois de ouvirem o rei, partiram, e eis que a estrela os precedia, até que parou sobre onde estava o menino. E vendo eles a estrela, alegraram-se e, prostrando-se, adoraram a criança e entregaram-lhe suas ofertas em ouro, incenso e mirra. Sendo prevenidos em sonho para não voltarem a Herodes, regressaram por outro caminho."*
>
> (Mateus, 2:1 a 3 e 8 a 12.)

Do texto evangélico, destacam-se alguns itens que merecem maior reflexão:

- a ausência, no Evangelho, da expressão três reis;
- o caráter mediúnico da visão dos magos;
- o sinal, para os magos e todos os seres: "onde encontrar o Cristo";
- orientação espiritual para os que já encontraram o Cristo, a fim de não retornarem aos caminhos de Herodes.

Apontamentos do apóstolo Mateus dizem que vieram "uns magos" do Oriente a Jerusalém, enquanto Lucas narra que havia naquela região "pastores" que viviam nos campos, onde guardavam seu rebanho. Os únicos evangelistas que relatam o assunto não se referem a "três reis", de acordo com o que propõe a cultura religiosa tradicional.

A Doutrina Espírita dispensa os números cabalísticos e as fantasias que tanto agradam aos seres espiritualmente mais jovens, por considerar que, na trajetória do progresso, a dor e a razão os desfazem como nevoeiros aos primeiros raios do sol nascente.

Não foram reis, nem três, os seres que registraram, em audição e visão, a mensagem excelsa que anunciava a presença na Terra do grande Salvador, de conformidade com o que rezavam as Escrituras.

Se "mago" é sinônimo de "profeta" ou "médium", conclui-se ter sido mediúnica a visão que os magos ou os pastores tiveram. A julgar a estrela por cometa ou corpo físico, todo o povo de Jerusalém teria participado da visão, deixando, pois, de ser exclusiva dos pastores ou dos magos. Acrescente-se, ainda, que um corpo físico ou cometa não poderia afastar-se de sua órbita a fim de acompanhar os magos até a manjedoura, "parando sobre onde estava o menino".

Todavia, não basta ser médium ou mago para obter mensagens ou visões de seres espiritualmente superiores. Outros magos existiam à época, inclusive no palácio de Herodes, como existem na atualidade tantos médiuns que não conseguem o exercício regular da mediunidade com entidades de nível superior.

Não importa que o sensitivo seja portador de elevado índice de percepção, uma vez que Espíritos superiores somente mantêm vínculos mediúnicos normais com médiuns de elevada condição moral.

Portadores de significativa moral e auxiliados pela intuição, Simeão e Ana identificaram o Cristo quando os pais o conduziram ao templo, no oitavo dia, para a consagração, de conformidade com os postulados do Judaísmo, enquanto os fariseus, embora dotados de significativa cultura, não conseguiam identificar, na figura excelsa do Cristo, o grande Esperado, mesmo em face das curas que diariamente realizava, pediam a Ele sinais no céu, não obstante os inúmeros que realizava na Terra.

Outro item a merecer análise cuidadosa é a orientação dos Espíritos, visando à localização e à identificação do Cristo. Eis o sinal, disseram eles: "Encontrareis o menino numa manjedoura".

Enquanto os príncipes do mundo nascem em palácios, sob ruidosa curiosidade do povo, o príncipe de Deus comparece à vida física, sob o silêncio das estrelas, em singela estrebaria.

Lucas narra que os pastores, guiados pela estrela, dirigem-se ao local indicado, onde localizam o Cristo. Mateus afirma, porém, que os magos se dirigem a Jerusalém e a Herodes, pedindo notícias do menino.

Idêntico tem sido o comportamento das criaturas em sua trajetória terrena. Dotadas do livre-arbítrio, nem sempre demandam os caminhos que conduzem diretamente à manjedoura, atentos como os pastores à orientação da estrela. A maioria prefere ainda excursionar pelas veredas dos reinados materiais, à semelhança dos magos, até que amargos desenganos ensinem que os Herodes não têm notícias do Cristo.

Não é, pois, por falta de orientação ou clareza da mensagem espiritual, mas por ausência de visão, entendimento, interesse ou maturidade espiritual que se retarda o encontro com o Cristo, considerando que Ele se encontra sempre com os que sofrem, esperando as criaturas na manjedoura humilde dos corações, onde aguarda igualmente o incenso e o perfume dos mais elevados sentimentos.

Continuando o processo de orientação, os magos são avisados, em sonho, para não retornarem a Herodes, recordando aos seres que já localizaram o Cristo para não retornarem aos caminhos da retaguarda evolutiva.

Na escola planetária, todos os seres são contemplados pelas messes conferidas aos pastores e aos magos, sem faltar o hino de glória a Deus e os votos de paz aos homens de boa vontade.

# 6

# *Batismo*

> *"No dia seguinte, João viu a Jesus que vinha para ele, e disse: Eis o Cordeiro de Deus, que tira o pecado do mundo! (...) Eu mesmo não o conhecia, mas, a fim de que Ele fosse manifestado a Israel, vim, por isso, batizando com água. E João testemunhou dizendo: Vi o Espírito descer do céu e pousar sobre Ele (...) Por isso tenho testificado que Ele é o Filho de Deus."*
>
> (João, 1:29, 31, 32 e 34.)

A aquisição dos valores religiosos, segundo Emmanuel, constitui a tarefa mais importante do homem e o quadro dos conhecimentos mais valiosos a serem adquiridos, por compreender processo de iluminação definitiva da alma para Deus.

No entanto, o apego à vida física, o ilimitado condicionamento imposto por doutrinas tradicionais, aliados à vaidade, acabam por instituir diretrizes estranhas à religião de origem, de cujos fundamentos excluem a imortalidade do Espírito, a moral e a humildade, substituídas por salvação simbólica, com base em atos litúrgicos de rígida observação, nos quais os seres se acomodam por séculos, até que estranhos recursos, inclusive o sofrimento, venham reconduzi-los à senda da evolução.

Neste capítulo, vale fazer alusão ao batismo, adotado por símbolo de purificação. Se o asseio se relaciona ao corpo físico, a água é o principal componente, além de contribuir para a saúde e o bem-estar. Na purificação do Espírito, porém, o processo consiste na reforma íntima, tendo por base a conscientização evangélica, razão por que diz aos apóstolos: "*Quem já se banhou não necessita de lavar senão os pés*". (*João*, 13:10.) Há que se considerar ainda, além de porfiados esforços, o tempo que envolve inúmeras existências, diversos lares, escolas e experiências diversas. Não é, pois, com ligeira cerimônia que se purifica o espírito milenar, modificando-lhe a personalidade.

Ainda neste campo, referências devem ser feitas à circuncisão, dogma originado de um pacto que Abraão, o velho patriarca, origem do Judaísmo, teria feito com Deus (*Gênesis*, 17:10), ao qual Moisés adicionou dois outros: o primeiro refere-se à consagração do primogênito (*Êxodo*, 13:2) e o segundo consiste na purificação da mulher após o parto (*Levítico*, 12).

Na lei mosaica, não era a criança que trazia o estigma do pecado, conforme a cultura hodierna da Igreja. À mãe era atribuída a falsa impureza discriminativa prescrita para um período de 40 ou 80 dias, conforme o sexo masculino ou feminino da criança.

O batismo de João — a voz do que clama no deserto — não tinha respaldo nas leis mosaicas. Recomendado pelo mentor espiritual do Profeta, o "batismo do arrependimento" consistia num processo de reajuste moral do homem e sua adequação espiritual ao convite do Cristo, de quem fora precursor.

Acrescentava, portanto, o Batista: "*Eu vos batizo com água, pelo arrependimento, mas aquele que vem depois de mim* [referindo-se evidentemente ao Cristo] *vos batizará com o 'fogo e com o Espírito Santo'*." (*Mateus*, 3:11.)

A reparação do mal, envolvendo existências de sofrimento, compreende o batismo de fogo, a que João se refere nessa passagem, isto porque com o Cristo se inicia, para alguns Espíritos, uma era de maior responsabilidade, não só pela maturidade espiritual que alcançam, como também pela conscientização imposta pela Doutrina Cristã, diante do que não se pode alegar ignorância.

Acabam-se, para muitos, as liturgias e as purezas simbólicas que, pelo menor esforço, tanto agradam ao homem despreocupado de sua evolução.

O batismo atribuído ao Cristo não pode ser assim interpretado, porquanto Ele nada tinha de que se arrepender. O encontro, nas águas saudosas do Jordão, pode traduzir testemunho de João acerca da condição messiânica do Cristo, longamente esperado, de acordo com a profecia a seu respeito: "*Aquele sobre o qual vires descer o espírito, este é o que batiza com o Espírito Santo*". (*João*, 1:33.)

Todavia, depois dessa passagem, Jesus fez referência ao batismo por que teria de passar (*Lucas*, 12:50), alusão ao sacrifício anotado à pauta de sua vida. Esse batismo não seria um ato litúrgico de menor esforço em que o sangue livra o ser do sentimento de culpa, mas exemplo vivo das leis que presidem os destinos das criaturas.

Finalmente, o batismo da Igreja, que consiste em afastar o pecado do sexo. Onde estaria a origem dessa tradição? Provavelmente, na revelação do anjo Gabriel a respeito da concepção de Maria. Por que ela não poderia conceber como todas as mães da Terra? Por que teria de acontecer por obra do Espírito Santo? Essa filosofia determinou a criação do batismo hodierno que, a bem da verdade, não fora o ensinado por Moisés, nem por João, ao tempo do Cristo.

Se Mateus faz alusão ao batismo que Jesus teria recomendado (*Mateus*, 28:19), Paulo esclarece que o Cristo não o mandou a batizar, mas a evangelizar (*I Coríntios*, 1:17), o que faz entender que o batismo, como símbolo de purificação do Espírito, é processo de educação moral que se efetua com o esforço da evangelização.

Se houvesse preocupação com o pecado de origem, que fosse atribuído à origem do Espírito, e não à do corpo físico.

A senda evolutiva da criatura humana perde-se na noite dos milênios. Como, pois, eliminar imperfeições da primitividade animal, que ainda mesclam o caráter do homem com meros gestos infantis de culturas que nasceram ao influxo do comodismo e de interesses subalternos?

Pode-se admitir, finalmente, que a criatura de sentimentos deseducados, no uso de suas energias sexuais, no campo da irresponsabilidade, adquira compromissos que, na senda de sua evolução, a água da lágrima lavará e o fogo do sofrimento haverá de purificar, mas que nada tem a ver com o sexo que, numa de suas elevadas funções, permite o prosseguimento à vida celular.

Concluindo, vale lembrar que todas as culturas que não contribuem para a evolução do homem ou que não o libertam em definitivo da dor são vãs e inúteis, podendo-se também dizer com Jesus: "Arrancada será toda planta que meu Pai celestial não plantou". E se as raízes das convenções humanas, sob o imperativo da conscientização kardequiana, já se encontram apodrecidas, não resistem mais ao arado do bom senso e da evolução.

# 7

# *Culpa original*

*"Eva, vendo que o fruto era bom e apropriado para abrir a inteligência, comeu dele e deu-o a Adão. Então seus olhos abriram-se e, vendo que estavam nus, tomaram folhas e teceram roupas. Eis que, aproximando-se o Senhor, esconderam-se dele. Mas Deus chamou Adão e perguntou-lhe onde estava. E ele respondeu: ouvi o barulho de teus passos, tive medo e ocultei-me, porque estou nu. Quem te revelou que estavas nu, perguntou-lhe o Senhor? Comeste o fruto da árvore que te havia proibido? Por isso, disse-lhe o Senhor: de hoje em diante, comerás o pão com o suor de teu rosto, até que voltes à terra de onde foste tirado."*

(Gênesis, 3.)

Emmanuel refere-se a Adão e Eva como símbolo dos Espíritos que, pertinazes no erro, migraram de um planeta do sistema do Cocheiro, de onde foram expulsos porque comprometiam sobremodo a consolidação das conquistas de paz e de felicidade a que faziam jus os habitantes daquele planeta.[3]

Recebidos espiritualmente por Jesus, o Patrono Espiritual da Terra lhes assegura assistência permanente nos caminhos de suas futuras encarnações de redenção e aprendizado moral. Tais seres encontram, no plano físico, família diferente, constituída de seres inferiores — o *primata hominis* — em cujo seio buscaram as primeiras encarnações, admitidas por berço das civilizações perdidas do pretérito.

---

[3] *A caminho da Luz*, de Emmanuel (FEB).

Tristes e errantes, esses Espíritos guardaram sempre a tênue recordação de uma vida anterior e do degredo a que foram submetidos na Terra, dando motivo à tradição do paraíso perdido, incluída nas páginas sagradas, em forma de símbolos, que o tempo e as sucessivas culturas acabariam soterrando no terreno de fantasiosas interpretações.

Por muitos milênios, essas criaturas não veriam a luz suave da Capela, morada saudosa, perdida na poeira cósmica, para onde somente retornariam depois da redenção alcançada na forja das inúmeras existências de luta e dor, no encalço dos valores morais de que sempre foram carentes.

Os métodos primitivos e sacrificiais que encontram na Terra para a obtenção do alimento, comparados aos do plano de onde procedem, e a esperança de um retorno futuro tornam fácil a interpretação do texto: "*De hoje em diante comerás o pão com o suor de teu rosto, até que retornes à terra de onde vieste*". Convém esclarecer que a última oração não faz referência à volta do corpo ao túmulo, mas do Espírito ao plano de origem.

Somente depois de libertos dos compromissos morais que determinaram o degredo neste orbe, e na condição de Espíritos, aqueles seres puderam retornar à terra de onde vieram, onde seus habitantes, considerados de maior evolução, já dispensam o suor do rosto na obtenção do alimento.

Convém esclarecer que o Espírito, o ser inteligente, não pode ser confundido com o corpo que temporariamente utiliza nas experiências do campo físico, de acordo com a cultura religiosa convencional que considera, por isso, o túmulo como destino dos seres, no exame apressado do texto: "*Tu és pó e em pó te hás de tornar*". Pó é termo utilizado por tradutores de cultura católica, que deve ser atribuído apenas ao corpo, cujos elementos, após a morte, retornam à natureza, sua fonte de origem.

O homem, o ser imortal, a quem pertencem os atributos da inteligência e das qualidades morais, no corpo ou fora dele, é sempre o Espírito, na viagem permanente e infinita da evolução.

A figura bíblica acerca do fruto proibido, que dá origem à "culpa original", não se refere ao sexo, mas à responsabilidade de cada ser no domínio das próprias ações e atos, que, de acordo com a Justiça Divina, mede-se na razão da evolução e dos conhecimentos.

Enquanto o Espírito permanece no estado de ingenuidade, ou antes de acordar o seu raciocínio, sua consciência não registra qualquer sentimento de culpa, nem anota incômodo com o estado de nudez.

À medida, porém, que se processa a evolução, ou que experimenta o fruto do saber, seus olhos se abrem, dilata-se o raciocínio, iniciando o processo de responsabilidade e consequente culpa pelo mal que faz e até pelo bem que deixa de fazer, ainda que aconselhado pela malícia — símbolo da serpente que existe em termos de imperfeições próprias.

O mal é sempre fruto dos impulsos da primitividade, e se manifesta na condição de crueldade, despotismo, egoísmo, avareza, ambição, dando origem à manifestação da consciência — a voz de Deus — que orienta as ações de cada ser, segundo o grau de conscientização refletido no espelho da razão. Neste caso, a voz divina se faz ouvir na condição de remorso, que leva as criaturas a se ocultarem nos vários corpos que utilizam na Terra, emblema dos trajes que Adão e Eva tecem com folhas, quando seus olhos se abrem.

Na descendência de Adão e Eva deve-se considerar que, se Caim pode compreender alusão aos seres belicosos que ainda se vangloriam das agressões aos povos fracos por eles escravizados política e economicamente, Abel deve lembrar as criaturas que já escolheram o caminho da brandura, por vencerem inimigos íntimos, preparando-se para a nova era de paz já referida por Jesus sob forma de parábolas.

# 8

# *Prato de lentilhas*

*"Buscai, pois, em primeiro lugar, o Reino dos Céus e a sua justiça, e todas as coisas vos serão acrescentadas."*

(Mateus, 6:33.)

Isaque, filho de Abraão, teve dois filhos, Esaú e Jacó (*Gênesis*, 25:30). Apesar de gêmeos, Esaú nascera primeiro, conferindo-lhe o direito de primogenitura que lhe assegurava a condição de sucessor do pai, na direção de todos os bens.

Embora destro caçador, certo dia de mais sorte da caça, Esaú retornou ao lar cansado e com fome, dando motivo a que permutasse com seu irmão o direito de primogenitura por um prato de cozido de lentilhas.

A saga do prato de lentilhas compreende o conceito terreno sobre os valores nos dois planos de vida — o físico e o espiritual.

O prato de lentilhas recorda o imediatismo inconsciente, sugerindo oportunidades coloridas de sonhos e de felicidade transitória, cuja escolha compromete a condição futura. O direito de primogenitura lembra o título de "completista", alcançado pelo discernimento, na escolha dos valores reais da vida, que liberta o homem do círculo vicioso das inúmeras encarnações de feição provacional ou expiatória.

O apego exagerado e doentio aos interesses imediatos do mundo econômico ou às situações meramente simbólicas gerados pelo egoísmo, o cultivo sistemático de mazelas milenares ou contemporâneas que a ausência de conscientização espiritual ainda veste de elegância, o indiferentismo acerca da renovação íntima são situações que definem a escolha de cada um no quadro dos valores que caracterizam a própria evolução.

Não que o indivíduo devesse negligenciar os deveres que lhe são impostos pela vida maior para com a família, o próximo, a comunidade ou consigo, na pauta da vida terrena, à feição de talentos de que terá de prestar contas e que a ociosidade e a indiferença, mescladas de virtude, pudessem justificar.

As situações difíceis, consideradas infelizes, ou as mais lisonjeiras, admitidas por felizes, são oportunidades adrede programadas na vida maior, com vistas à necessidade de reabilitação própria ou à expiação de faltas que a consciência culpada sugere à guisa de terapêutica espiritual no encalço da própria redenção.

Poucas, porém, são as criaturas, independentemente da feição filosófico-religiosa, que colocam os interesses do Espírito, ou da vida futura, acima dos da vida terrena.

A preferência pelo prato dos interesses pessoais da vida presente, ainda que com prejuízo do semelhante, tem por base o egoísmo travestido de previdência e a ignorância acerca da vida futura, além dos dogmas religiosos que prometem um céu de fantasias, olvidando todas as lições contidas no Evangelho, inclusive a que assegura: "A cada um segundo as próprias obras".

# 9

# *Dez virgens*

*"O Reino dos Céus será semelhante a dez virgens que, tomando suas lâmpadas, saíram a encontrar-se com o noivo. Cinco dentre elas eram néscias e cinco prudentes. As néscias não levaram azeite consigo. No entanto, as prudentes, além das lâmpadas, levaram azeite. E, tardando o noivo, adormeceram. Mas, à meia-noite, ouviu-se um grito: eis o noivo. Levantaram-se as virgens e prepararam suas lâmpadas. E as néscias disseram às prudentes: dai-nos do vosso azeite porque nossas lâmpadas estão-se apagando, ao que as prudentes responderam: não! para que não nos falte a nós nem a vós. Ide adquiri-lo junto aos que o vendem. As que estavam apercebidas entraram com o noivo para as bodas, e fechou-se a porta. Mais tarde, chegaram as néscias, clamando: Senhor, abre-nos a porta! Mas Ele respondeu: não vos conheço. Vigiai, pois não sabeis o dia nem a hora."*

(Mateus, 25:1 a 13.)

Alguns símbolos desta parábola são definidos, de início, para assegurar melhor entendimento ao estudo do texto:

- noivo — Jesus;
- dez virgens — Humanidade em sua condição primitiva;
- casamento — comunhão espiritual das criaturas com o Cristo;
- azeite — símbolo da virtude;
- vinte e quatro horas — dia simbólico alusivo a um ciclo evolutivo;
- meia-noite — término do período.

Além do tempo determinado pelos movimentos de rotação e translação que estabelecem dia e ano na Terra, nosso sistema deve manter, com base nas leis de atração, sintonia com os outros corpos de sua galáxia e do Universo, determinando, em sua órbita maior, parcelas de tempo ainda não catalogadas na Terra e que, à falta de termo próprio, estão identificadas no Evangelho como "dia".

Para traçar os programas de evolução destinados aos seres desta e de outras casas planetárias, incluindo os processos de migração entre os vários planos habitados, os Espíritos superiores, governantes do cosmo, tomam por base esse tempo, a que Jesus fez alusão.

Nas parábolas do Juízo Final, do Festim das Bodas, da Porta Estreita, dos Trabalhadores da Última Hora e nas expressões "meia-noite" e "chegada do noivo", Jesus faz referência aos tempos que estarão assinalando o final desse período evolutivo. Revestidas, contudo, de linguagem simbólica, acabaram abandonadas ao terreno árido da incompreensão e do abandono.

O retardamento do noivo — alusão à volta do Cristo — que deu motivo a que as noivas — símbolo da Humanidade — se entregassem ao domínio do sono é figura que prova a evidente incredulidade das criaturas terrenas e o seu manifesto desinteresse pelos acontecimentos que irão determinar o processo seletivo terreno, que será conhecido pelo afastamento dos Espíritos compromissados com o mal ou divorciados do Cristo que, nessa ocasião, estarão se matriculando em plano inferior à Terra, já conhecido por Jesus desde que deixou o roteiro de seu Evangelho nos caminhos saudosos da Palestina.

A luz que o combustível das virtudes alimenta se faz necessária, ainda porque a escolha do noivo guarda relação invariável com o progresso espiritual daquele que escolhe, admitindo-se que, até agora, as criaturas preferem uniões com descendências de sofrimento e remorso, à semelhança da multidão dos beneficiados do Cristo que deu preferência a Barrabás, deixando que Jesus fosse conduzido ao julgamento e à crucificação entre criminosos vulgares.

As cinco noivas prudentes lembram as criaturas sensatas que, de posse dos valores morais, já romperam os liames com o reinado das fantasias e das falsas aventuras da Terra, estando agora interessadas na união com Jesus, enquanto as virgens néscias simbolizam a porcentagem dos seres algemados aos interesses transitórios do reinado terreno e das paixões, com os quais estão ainda em perfeito consórcio.

Não basta para tanto uma luz simbólica, ou de pavio seco, tão do agrado das criaturas terrenas, acomodadas ao berço do menor esforço. A união com o Cristo é a dos valores morais adquiridos na universidade das inúmeras experiências. Aqueles que não alcançaram, até agora, a riqueza moral, aqui simbolizada no azeite, serão obrigados a ouvir e a cumprir a sentença: "*Afastai-vos de mim, vós que praticais a iniquidade*". (*Mateus*, 7:23.)

## 10

# *Trabalhadores da última hora*

*"O Reino dos Céus é semelhante a um pai de família que saiu de madrugada a fim de assalariar trabalhadores para sua vinha. E tendo ajustado com eles a um denário por dia, mandou-os para a vinha. Saiu, novamente, à terceira hora, à hora sexta e à undécima hora e encontrou outros que, na praça, estavam desocupados e procedeu da mesma forma. Ao cair da tarde, disse o senhor da vinha ao seu administrador: chama os trabalhadores e paga-lhes o salário. Vindo os da undécima hora, recebeu, cada um deles, um denário. Ao chegarem os da primeira hora pensaram que receberiam mais; porém receberam um denário cada um. Por isso murmuravam contra o senhor da vinha. Mas este respondeu a um deles: amigo, não te faço injustiça; não combinastes comigo um denário? Toma o que é teu e vai-te. Não me é lícito fazer o que quero do que é meu? Tens mau olho porque sou bom? Assim os últimos serão os primeiros e os primeiros os últimos."*

(Mateus, 20:1 a 16.)

O exame do texto sugere definições iniciais sobre os termos e as expressões a seguir alinhados, a fim de conferir-lhe melhor entendimento:

- Reino dos Céus — governo espiritual de Jesus, considerado também pai de família;
- madrugada — início de uma existência ou de um período evolutivo;
- assalariar — processo de convidar, por vias de educação moral;

- vinha — campo do mundo, onde se adquirem os valores morais;
- horas — existências ou frações de ciclos evolutivos;
- operários parados — os que já romperam compromissos com as lavouras do mal;
- cair da tarde — final de período evolutivo.

Jesus compara o Reino dos Céus a um pai que, preocupado com o bem-estar dos filhos e, por entender que a felicidade sem mescla e duradoura repousa no patrimônio moral, procurou-os, de formas variadas e por intermédio de mensageiros, a fim de convidá-los ao trabalho de evolução espiritual, simbolizado na sua vinha.

O denário, que promete pelo dia de trabalho, segundo a economia divina, compreende o teto de todas as necessidades materiais efetivas da criatura, excluído o supérfluo, porque prejudica o soldo do próximo.

À vista das diretrizes que presidem a economia terrena e conforme a presente interpretação, a parábola pode ser levada à conta de utopia. No entanto, segundo o que informa o Espírito André Luiz, é programa já implantado em regiões superiores da Espiritualidade, a ser estabelecido na Terra pelo afastamento dos seres egoístas e avaros e pela implantação do Evangelho no processo de educação do homem que comporá o sistema social deste milênio.

Foi sob o imperativo do sentimento de paternidade que o dono da vinha determinou que, na sua seara, todos os filhos recebessem a quantia inicialmente combinada com os que trabalharam desde o alvorecer do dia, não só por considerar as necessidades basilares comuns a todos os filhos, como também por reconhecer que, além do tempo, outros fatores determinam as medidas de qualidade e de quantidade.

Segundo a economia terrena, o servidor da última hora, trabalhando uma hora, deveria receber apenas um doze avos da moeda; entretanto, porque recebera a mesma quantia, em obediência à vontade do amo, os trabalhadores da primeira hora, em condições proporcionais, e não obstante o combinado, calculavam receber doze vezes mais.

Convém lembrar que um doze avos do denário não atenderia às exigências orgânicas do trabalhador da última hora, nem os empregados na primeira hora precisavam de doze vezes o valor daquele teto. O código que regulamenta a contabilidade terrena, responsável pelos atuais desacertos socioeconômicos, permite o prejuízo às próprias criaturas quando constroem suas economias sob o alicerce da ambição e da avareza, porque ficam debitadas, em suas jornadas futuras, pelo que acumulam com prejuízo ao seu irmão.

Por isso, afirma-se que na Terra o problema da fome e da miséria não consiste na falta de cereais, mas na má distribuição das rendas, que se processa sob o domínio do olho do egoísmo e da ambição dos "príncipes das nações que ainda as dominam e as tratam com império".

O denário compreende apenas a moeda mantenedora da vida orgânica, de que o espírito se utiliza, transitoriamente, como um dos fatores da evolução.

A riqueza espiritual, objetivo das inúmeras existências e único tesouro que o Mestre recomenda acumular, por representar aquisição própria, não pode ser analisada sob o mesmo critério.

Embora recebendo apenas o denário necessário à vida orgânica, não significa prejuízo à criatura que se dedicou por maior número de horas às lides da vinha, porque é sempre creditada por suas aquisições morais, além dos bônus horas, a moeda universal e intransferível que a traça não rói, a ferrugem não consome e o ladrão não rouba.

# 11

# *Jejum*

> *"Então os discípulos de João perguntaram a Jesus: por que jejuamos nós e os fariseus, e os teus discípulos não? Jesus respondeu: podem os convidados jejuar enquanto o noivo está presente? Dias virão em que o noivo lhes será tirado e então jejuarão."*
>
> (Mateus, 9:14 e 15.)

Com base nos fundamentos espíritas, a criatura na Terra apresenta-se sob tríplice aspecto: corpo, perispírito e alma.

O corpo, por atender aos imperativos da renovação das células que o compõem, necessita do combustível diário do alimento, até que, na escala do progresso, o Espírito alcance patamares de maior evolução moral, onde o corpo esteja programado a extrair, do oceano onde respira, o nitrogênio necessário à vida, extraído hoje, em parte, do alimento sólido, cuja aquisição exige grande parcela de suas atividades e preocupações. Parodiando expressão contida no livro *Gênesis*, pode-se dizer: "de hoje em diante comerás o pão *sem* o suor de teu rosto" (*Gênesis*, 3:19).

O perispírito, que se denomina também de corpo fluídico, igualmente necessita de alimento, obviamente compatível com a sua natureza e a evolução do Espírito. Esse conhecimento esclarece o motivo das cerimônias de oferendas ou sacrifício de animais nos segmentos religiosos mais antigos, ou os "despachos," que compreendem permuta de favores, ainda em uso, porque determinados Espíritos, por ausência de vontade ou de compreensão, ainda se demoram sob o domínio de dependências, sejam alusivas às sensações da fome física ou às paixões de que, em processos de vampirismo, ainda se nutrem dos encarnados.

O jejum físico fazia parte da tradição dos judeus, em que algumas religiões se respaldaram na criação de suas culturas. A bem da verdade, essa prática nenhum proveito acarreta ao Espírito, considerando o preceito do Cristo que assegura não ser o que entra pela boca que macula o homem.

Agora o jejum do Espírito, examinado sob três aspectos:

O primeiro refere-se ao alimento espiritual, de que Jesus é o despenseiro, na condição de "noivo", enquanto os apóstolos figuram como convidados. Nenhuma criatura, em juízo perfeito, irá escolher o momento da festa — período que assinala a presença do Cristo na terra — para praticar o seu jejum. O Evangelho, significando a alma de sua doutrina, constitui o alimento do Espírito ou a "palavra que sai da boca de Deus", do que, na ausência do Cristo, os apóstolos haveriam de jejuar.

O segundo aspecto, ainda sobre o jejum do Espírito, relaciona-se ao processo de pureza de pensamentos a que a criatura conscientizada se impõe, não só por imperativo da evolução espiritual como igualmente por ser um dos recursos mais eficazes nos processos de desobsessão própria ou de terceiros. É ainda a profilaxia da mente que recolhe, no oceano dos pensamentos humanos, apenas o oxigênio puro, necessário à própria vida.

Na economia dos valores espirituais, convém guardar, no alforje do coração, o alimento que se puder colher na seara do Evangelho, e, se algum jejum deve ser observado, que seja o da abstenção dos pensamentos inferiores.

Finalmente, a terceira versão refere-se ao alimento que cada criatura recolhe entre os seres que respiram na mesma frequência moral e evolutiva, em que situa a fonte de sua alegria e acalenta os melhores anseios.

# 12

# *Lençol*

*"Coberto, unicamente, com um lençol, um jovem segue Jesus, mas porque lhe lançaram mão, largou o lençol, fugindo desnudo."*

(Marcos, 14:51.)

Na lavoura do Evangelho, não há dificuldade para se distinguirem os Espíritos convidados dos que correm no encalço do convite, interessados exclusivamente no soldo e nas gratificações.

Convocados pelo Cristo, os apóstolos se reconhecem pela resistência moral que demonstram, anotando hostilidades e perseguições, não obstante o manto de simples pescadores com que se procuram ocultar.

Enquanto os príncipes das nações as governam e os grandes as tratam com império, Jesus ensina aos discípulos que o mesmo não devia acontecer entre eles, esclarecendo ainda: *"Aquele que deseja tornar-se o maior, seja vosso servo, porquanto o Filho não veio ao mundo para ser servido, mas para servir e dar a vida pela redenção de muitos"*. (*Mateus*, 20:20.)

No reinado terreno, a política traduz força, com a qual se concorrem aos ambicionados títulos convencionais, ainda que denunciando inaptidão, considerando a lei de igualdade, que orienta a aproximação dos semelhantes. Já no campo voluntário do apostolado evangélico, a convocação procede do Senhor, que o candidato interpreta por honra, embora ciente do elevado tributo cobrado pelo império terreno. Eis por que esclarece:

*"Não fostes vós que me escolhestes a mim; pelo contrário, eu que vos escolhi..."*. (*João*, 15:16.)

Oportuno, pois, lembrar o moço que se candidata ao colegiado, dizendo: *"Eu te seguirei"*, ao que o Senhor, por identificar-lhe segundas intenções, além da inabilidade, responde: *"As raposas têm seus covis, e os pássaros do céu seus ninhos; mas o Filho não possui uma pedra para reclinar a cabeça"*. (*Lucas*, 9:57 e 58.)

Outro, ainda, lhe disse: *"Seguir-te-ei, Senhor, depois de despedir-me dos familiares"*. Mas Jesus lhe replicou: *"Ninguém que, tendo posto mão à charrua, e olha para trás, é apto para o Reino de Deus"*. (*Lucas*, 9:61 e 62.)

As aparências ou as falsas imagens que acobertam imperfeições e simulam virtudes compreendem o lençol ou a capa que Jesus recomenda seja despida, enquanto adquirida a espada da sabedoria espiritual e o alforje que guarda o pão do espírito (*Lucas*, 22:36).[4]

Por desconhecer a ausência de resistência no terreno do testemunho próprio, despreocupadamente, o moço utiliza o lençol que abandona em mãos estranhas, fugindo desnudo, denunciando nudez idêntica dos valores espirituais, por anotar o elevado tributo que o império terreno ainda impõe aos que comparecem ao lado do Cristo, ainda que por equívoco ou curiosidade, sugerindo a impossibilidade de se seguir o Mestre, sem aborrecer os príncipes da Terra (*Lucas*, 14:26).

O prepotente reinado terreno não desculpa qualquer sinal que recorde o Senhor, duvidando até do lençol que o homem depressa abandona quando admite não possuir vocação para mártir.

Os valores íntimos facilmente se identificam, em que pese a presença das máscaras, até porque os lençóis ou as capas sempre acabam mostrando as deformidades físicas.

Não há, pois, como ocultar o verdadeiro caráter, mesmo depois de determinado tempo de relacionamento ou, como popularmente se diz, depois de comer juntos um saco de sal.

---

[4] Lição 16 deste livro.

Embora ocultando-se na profissão de pescadores, os apóstolos são identificados pelas autoridades religiosas que, por isso, lhes mobilizam desumanas perseguições.

Enquanto os apóstolos asseguram pureza à religião cristã, durante três séculos, mediante o sacrifício da própria vida, o moço do lençol o abandona à primeira manifestação de reconhecimento, demonstrando não estar apto para o Reino de Deus.

# 13

# *Tentação*

> *"Em seguida, Jesus foi conduzido pelo Espírito ao deserto, para ser tentado pelo demônio. E depois de jejuar quarenta dias e quarenta noites teve fome. O tentador então aproximou-se dele e lhe disse: Se és o Filho de Deus, ordena que estas pedras se tornem pães. Jesus lhe respondeu: nem só de pão viverá o homem, mas de toda a palavra que procede da boca de Deus. O demônio ainda o transportou a um monte muito alto e lhe mostrou todos os reinos do mundo e disse-lhe: dar-te-ei tudo isso se, prostrado, me adorares. Respondeu-lhe Jesus: Adorarás o Senhor teu Deus e só a Ele servirás."*
>
> (MATEUS, 4:1 a 4 e 8 a 10.)

O venerando Espírito Emmanuel examina o texto sobre a tentação, dizendo: "A concupiscência, ou origem da tentação, constitui o fundo viciado e perverso da natureza humana primitivista. Ser tentado é ouvir a malícia própria, é abrigar os inferiores alvitres de si mesmo".[5]

Admitido o princípio de que o Cristo não poderia abrigar qualquer imperfeição, dando margem a ser tentado, é razoável entender a narrativa sobre a tentação de Jesus em sentido comparativo, admitindo-a nas imperfeições do homem, os elos frágeis que demonstram sua fraqueza.

O deserto simboliza a ausência de valores morais no mundo íntimo, enquanto a fome compreende o anseio às economias transitórias a que os seres ainda permanecem submissos, dos quais o Senhor deu sobejos exemplos de desprendimento.

---

[5] *Caminho, Verdade e Vida*, cap. 129.

A narrativa não faz referência a montanhas físicas, de onde se localizam os reinados terrenos e suas respectivas glórias, mas à imaginação das criaturas, no domínio das fantasias e da ambição.

Os anseios e as criações mentais elegem, pelas linhas mediúnicas, os parceiros espirituais que sustentam os sonhos e as fantasias, permitindo que se viaje, nas asas da imaginação, aos pontos mais altos onde se gostaria de instalar, em definitivo, os tronos da ilusão.

Consideradas as ondas de idêntica frequência em que se envolvem, os "tentados" registram as sugestões que lhes exploram os campos vulneráveis da própria ambição, acenando-lhes com possibilidades de enriquecimento fácil ou de acesso aos mais significativos degraus do poder, ou sugerindo, no terreno das emoções, as fantasias que irão alimentar as telas da própria imaginação, com o que sustentam vínculos no capítulo do vampirismo.

Convém, pois, examinar a natureza dos desejos ou da "fome". Se estiver relacionada exclusivamente à posse dos bens transitórios, às aventuras no campo dos sentidos ou à alimentação das dependências, é possível que o homem esteja ainda no "deserto", sob o império dos tentadores. Esses seres podem ser os adversários espirituais do pretérito, que elaboram ocultamente planos de desforra — precedidos de aparentes sucessos —, como pode ser igualmente o Espírito infeliz que respira no mesmo campo das ambições e dos desejos ou no domínio das paixões e dependências em que a criatura se situa.

Os desejos de cada ser revelam a evolução espiritual e a natureza dos Espíritos com os quais caminha. Ninguém está só. Cada um é tentado em sua própria concupiscência, afirmava o apóstolo Tiago, e o Cristo nada tinha em que ser tentado.

O mundo íntimo pode ser ainda o "deserto", origem da "fome" que corresponde, invariavelmente, às maiores aspirações do homem. Para atendê-las, não raro, compromete o futuro espiritual, não só pelos meios escusos que elege para satisfazê-las, como também pelos consórcios que estabelece com os "tentadores" inescrupulosos, encarnados e desencarnados, num símbolo de venda da alma ao "diabo", por esquecer que "nem só de pão vive o homem".

## 14

# *Multiplicação dos pães*

*"Caía a tarde. Agrupados em volta de Jesus, os discípulos disseram-lhe: Este lugar é deserto e a hora é avançada. Despede esta gente para que vá comprar víveres na aldeia. Jesus, porém, respondeu: dai-lhes vós mesmos de comer. Eles, porém, disseram: não temos aqui senão cinco pães e dois peixes. Trazei-mos, disse-lhes Ele. Tomou os pães e os peixes e, elevando os olhos ao céu, abençoou-os, partindo-os em seguida e entregando-os aos discípulos que os distribuíram ao povo. Todos comeram e ficaram fartos e sobejaram doze cestos cheios, que Jesus mandou recolher para que nada se perdesse. Os convivas foram cerca de cinco mil homens, sem contar as mulheres e as crianças."*

(Mateus, 14:15 a 21.)

Admitido na condição de Espírito puro e dirigente de todos os fenômenos do Sistema Solar,[6] justo admitir nas mãos do Cristo os recursos necessários à formação do alimento físico, móvel das maiores preocupações dos seres terrenos.

Convém reconhecer que a maior preocupação do Cristo compreende o alimento do Espírito, o que prova a seguinte afirmativa: "*Vós me procurais, não porque vistes os sinais, mas porque comestes dos pães e vos fartastes. Trabalhai, não pela comida que perece, mas pela que subsiste para a vida eterna*". (*João*, 6:26 e 27.)

Os apóstolos, no entanto, demonstrando manifesta preocupação com a multidão carente, rogam a Jesus para que a despeça, a fim de que encontre alimento nas aldeias vizinhas, ao que o Senhor responde: "*Dai-lhes vós mesmos de comer*".

---

[6] *A caminho da Luz*, psicografia de Chico Xavier — FEB.

Com breve resposta, Jesus ensina que, nas tarefas do bem, ninguém deve ser encaminhado à porta alheia ou despedido sem atendimento, esclarecendo que a ausência de recursos materiais não deve constituir obstáculo às atividades de sua seara. Importa dizer, ainda, que o mínimo, colocado nas mãos de Jesus, será multiplicado em benefício de todos, pelo domínio que possui sobre as leis que presidem o mundo orgânico, além de conhecer igualmente o mérito de cada criatura na escala dos valores morais.

No âmbito da economia terrena, o homem já conhece o processo da multiplicação do alimento físico. A divisão, todavia, ainda é lição por ele ignorada, por submisso ao imperativo da ambição e do egoísmo.

O gesto simples de partir o pão e dividi-lo, fraternalmente, com as criaturas é lição imorredoura com que o Cristo se identifica em Emaús, após a crucificação, e pela qual se reconhecem ainda seus verdadeiros discípulos.

A par da multiplicação e da divisão, Jesus ainda ensina que nada se perca, recomendando aos apóstolos que, depois do povo farto, recolhessem a sobra, porque o que se perde por negligência, ignorância e irresponsabilidade constitui falta, considerando os seres que padecem largamente os flagelos da miséria e da fome.

No que concerne ao alimento espiritual, a divulgação da Doutrina de Jesus, à luz da Codificação, representa não só o celeiro farto nos dias presentes, como a preservação das sementes que constituirão as lavouras do porvir. Que nada se perca também nesse terreno.

Aos apóstolos, simbolizados nos doze cestos que sobejaram, Jesus confiou não só a tarefa da distribuição dos pães por Ele multiplicados, como também a responsabilidade pela preservação do patrimônio espiritual que, por sua magnitude, com antecedência de milênios, já havia programado trazer pessoalmente à face da Terra.

Os apóstolos são também considerados por Jesus o sal da terra, porque, além de o sal conferir melhor sabor ao alimento, possui igualmente a propriedade de garantir sua preservação.

# 15

# *Cego de Siloé*

*"Caminhando, Jesus viu um homem cego de nascença. E os seus discípulos perguntaram: Mestre, quem pecou, ele ou seus pais, para que nascesse cego? Respondeu Jesus: nem ele pecou, nem seus pais; mas foi para que se manifestem nele as obras de Deus. Dito isso, cuspiu na terra e, tendo feito lodo com a saliva, aplicou-o aos olhos do cego, dizendo-lhe: vai lavar-te no tanque de Siloé. Ele foi, lavou-se e voltou vendo."*

(João, 9:1 a 3, 6 e 7.)

O sofrimento, segundo as doutrinas tradicionais, compreende sempre fruto do acaso ou, no máximo, recorda erros dos ascendentes. No entanto, o Espiritismo, com base no processo de evolução e nas leis de reparação, o analisa na seguinte escala: evolução, prova, expiação e sublimação.

A despeito, porém, da classificação que se lhe atribui, todo sofrimento compreende fator evolutivo, quer nas espécies irracionais, onde se manifesta exclusivamente na dor física, quer nas criaturas humanas em regime de provas e expiações, ou ainda nos seres mais evoluídos, isentos de compromissos no tribunal da consciência.

Importante recordar o final do primeiro mandamento do decálogo mosaico (*Êxodo*, 20:5): "*Porque Eu sou Deus zeloso, que visito a iniquidade dos pais nos filhos até a terceira e quarta geração daqueles que me aborrecem*".

A equivocada tradução "até a", imposta por doutrinas convencionais, determinando aos descendentes a reparação das faltas dos ancestrais, compreenderia medida injusta de Deus, transferindo ao filho e ao neto a responsabilidade espiritual pelos compromissos dos ancestrais.

Substituindo a preposição e o artigo anteriores pela construção "na", a reparação é atribuída ao próprio autor do erro, na terceira ou na quarta geração, por ser o tempo necessário ao seu retorno ao cenário terreno, normalmente no meio da família onde faliu e com quem guarda compromisso. O filho não paga pelo pecado do pai nem o bisneto pelo pecado do bisavô, segundo as conhecidas interpretações que deram motivo às retificações de Moisés (*Deuteronômio*, 24:16), confirmadas, mais tarde, por Ezequiel (*Ezequiel*, 18:1 a 4), deixando transparente o pensamento, expresso no decálogo, de que cada criatura responde pelas próprias imperfeições, na terceira ou na quarta geração.

Na cura do paralítico de Betesda, por isso, Jesus orienta: "*Não peques mais, para que não te aconteça coisa pior*". (*João*, 5:14.) Ao paralítico de Cafarnaum, informa: "*Tem bom ânimo, os teus pecados são perdoados*" (*Mateus*, 9:2), o que se traduz por "quitados" ou "terminados".

Nos dois casos, porém, fica evidente que a enfermidade tivera origem em faltas pretéritas, que o segundo já havia reparado e para as quais o primeiro ainda guardava manifestas inclinações, dando motivo à observação de Jesus, porque além das razões que dão origem ao processo de dor, sempre conhece a face obscura das mazelas humanas.

Por força da lei que dá origem ao sofrimento, a cura somente é concedida aos que alcançam o mérito necessário, pelas vias da reparação e da reforma íntima, porque se liberam das sentenças inscritas nas páginas da consciência.

Há que reconhecer, contudo, a presença na Terra de seres nobres, isentos de culpa, à semelhança dos apóstolos, que anotam experiências amargas com o objetivo de auxiliarem o processo de evolução coletiva ou de entes que permanecem à retaguarda evolutiva. Na condição de missionários, o sofrimento deve ser entendido por sublimação.

Nesse campo, outros espíritos podem ser encontrados, à semelhança do cego de Siloé, a quem Jesus devolve a vista física depois de obtida visão espiritual. Isento, pois, da culpa, origem da reparação, e porque não se admite que ninguém responda pelo pecado de terceiros, o sofrimento do cego de Siloé deve ser traduzido por ensaio a futuras obras de sublimação, além de compreender fator para aquisição de novos valores, como paciência e resignação que facultaram condições adequadas para o Cristo manifestar as obras de Deus.

A parábola ainda diz que Jesus, para tanto, fez lodo com saliva, colocou-o nos olhos do cego, determinando que se lavasse no tanque de Siloé.

Se, no processo da criação do homem (*Gênesis*, 2:7), Deus teria criado Adão com o lodo da terra, nesta parábola o lodo compreende referência ao corpo físico, sugerindo ao tanque o símbolo das existências terrenas, onde o Espírito, ainda cego de entendimento espiritual, desce para lavar-se da cegueira da ignorância, de onde regressa enxergando mercê da saliva, que representa a palavra ou a doutrina de Jesus.

Emblema da lição, as inúmeras descidas aos poços das encarnações, sob a orientação do Evangelho, devem constituir o processo mais adequado à cura da cegueira espiritual das criaturas humanas.

16

# *Alforje e espada*

*"Depois ajuntou: quando vos mandei sem calçado, sem cajado ou sem alforje, faltou-vos porventura alguma coisa? Eles responderam: nada, Senhor. Mas agora, disse-lhes ele, aquele que tem alforje, tome-o, e aquele que não tiver uma espada, disponha de sua capa e adquira uma."*

(LUCAS, 22:35 e 36.)

Assegurava Jesus aos apóstolos que o pão e a veste, o alforje e o cajado, o ouro ou a prata não deveriam constituir motivo de maior preocupação nas tarefas que lhes confiava, esclarecendo, noutra lição, ser o trabalhador digno de seu salário.

Obedientes às orientações do Senhor, a escassez das provisões ou a falta do abrigo, onde dariam repouso aos corpos cansados, não constituíram obstáculo às atividades messiânicas. Deixando cidades ou aldeias, jamais pensaram em sacudir a poeira dos pés, porque, além dos corações amigos que lhes emprestavam acolhida, mantinham-se imunizados, pelo perdão incondicional, contra o vírus da incompreensão dos que se opunham à doutrina que divulgavam.

No entanto, momentos antes da prisão, o Mestre recomenda aos apóstolos a necessidade de se munirem de alforje e espada, com o que se libertariam da capa. Demonstrando não haverem entendido a simbólica lição, os discípulos lhe entregaram duas espadas, pelo que lhes disse: Basta.

Outras vias facultariam, sem demora, a compreensão desejada.

Com a voz de prisão, uma das espadas vem a ser utilizada por Pedro, dando motivo à inolvidável lição: "*Embainha tua espada; pois todos que lançam mão da espada à espada perecerão*". (*Mateus*, 26:52.)

Enquanto a espada, na Terra, representa a defesa da criatura contra o adversário externo, a conscientização do Evangelho vem a ser a arma na defesa contra as imperfeições próprias, únicos inimigos que conduzem o Espírito, pelas vias do erro, às geenas do remorso e aos capítulos da reparação.

Igualmente, o alforje a que, simbolicamente, Jesus se refere não compreende o que transporta o alimento físico, mas o bornal do coração onde se recolhem as provisões do espírito.

Resumindo, pode-se dizer que a conscientização evangélica e a aquisição dos valores morais constituem, respectivamente, a espada e o alforje, com os quais o Espírito se liberta facilmente da capa das aparências, que Jesus manda despir.

## 17

# *Passe*

*"E Jesus, estendendo a mão, tocou-lhe, dizendo 'fica limpo'."*

(Mateus, 8:3.)

Exercido por Jesus e largamente usado no plano espiritual, o passe constitui terapêutica para o Espírito, perispírito e corpo.

Convém lembrar as curas efetuadas pelo Cristo, às vezes com a simples imposição das mãos e, noutras ocasiões, sentindo "sair de si uma virtude", como no caso da mulher hemorroíssa.

Instruindo os apóstolos a que fossem curar os enfermos, expulsar os demônios e ressuscitar os mortos, dando de graça o que de graça recebessem, o passe institui-se por doutrina de amor legada por Jesus à Humanidade.

Não foi, todavia, sem experiências ou aprendizado evangélico que os apóstolos alcançaram êxito nos trabalhos. "*Por que não pudemos expulsar esse demônio?*" (*Mateus*, 17:19) é a pergunta por eles endereçada ao Mestre na cura do moço lunático, quando foram esclarecidos que, além da fé conscientizada, alguns processos de desobsessão só se alcançam mediante a oração sincera e o jejum espiritual, que consiste no cultivo de pensamentos elevados.

Se Jesus apenas promete alívio aos aflitos e sobrecarregados que convida para segui-lo, forçoso entender que a cura de cada enfermidade guarda relação à redução do débito espiritual, a ser obtida no terreno áspero da dor ou na lavoura suave do bem, além da reforma íntima que consegue mediante a conscientização doutrinária, porque todo processo de dor guarda raízes nas faltas cometidas e nas próprias imperfeições.

Acreditar que atos litúrgicos ou encenações convencionais ganhem foros de terapêutica, é desconhecer a Justiça Divina, que preside o destino de todos os seres. Para se erradicar a dor, é necessário aceitar o resgate imposto pela consciência, seguindo a orientação do Cristo constante do Evangelho.

Por não se constituir de atividade profissional, o passe, na orientação espírita, dispensa todas as manifestações que recordam técnicas acadêmicas, ainda que a pretexto de se alcançarem os chamados centros de força ou plexos, recordando tão somente os valores morais que o passista deve cultivar e o elevado propósito de servir, que deve constituir-se de bússola no trabalho, lembrando com o apóstolo Tiago que "muito vale a oração do justo".

Há que se combater, mediante acurado estudo dos postulados kardequianos, o atavismo trasladado de outras seitas, evitando que a Codificação venha a se constituir em mero seguimento ecumênico ou em colcha de retalhos de pretéritas culturas. O passe deve ser cultivado com a simplicidade ensinada por Jesus, recordando que a *compreensiva orientação que deve preceder suas nobres lides não deve se transformar na exigência de "cursos", que venham a definir obrigatoriedade de títulos acadêmicos*, admitindo que os resultados se manifestam de acordo com o mérito espiritual do paciente, em que pesem os valores morais do passista.

Finalmente, entenda-se o passe na sua manifestação mais simples e mais autêntica, atentos ao preceito de Jesus de que tudo o que o homem pedir, pela oração sincera, ele obterá.

# 18

# *Fé*

*"Em verdade vos digo, se tiverdes fé como um grão de mostarda, direis a esta montanha: transporta-te daqui para ali, e nada vos será impossível."*

(Mateus, 17:20.)

Após a cura do moço lunático, os discípulos perguntaram: "*Por que, Senhor, não pudemos expulsar o demônio?*". Respondeu-lhes Jesus: "*Por ausência de fé; mas esta casta de demônios só se expele mediante oração e jejum*". (*Mateus*, 17:19 a 21.)

A fé não é mera manifestação pública de religiosidade, nem se mede pela quantidade de rezas que, ao contrário, denunciam ausência de fé, conquanto orar sempre compreenda atestado de confiança.

A fé vem a ser o resultado dos méritos alcançados nos campos da reparação e do resgate, bem como das qualidades morais que o sofrimento faculta ou que se adquirem sob a orientação da bússola evangélica.

Se o sofrimento possui raízes no erro, por força da lei que lhe deu origem, a saúde e a paz decorrem da reparação, em cujo processo se incluem os méritos alcançados na lavoura do bem, constituindo, ambos, a fonte da fé de que a criatura necessita para vencer as dificuldades e os compromissos constantes das páginas da existência.

O Cristo não tinha por hábito prometer a cura, mas somente o alívio aos que o buscavam, porque, enquanto perduram o débito e as imperfeições morais, não existe na criatura a fonte da fé em benefício da própria saúde. Eis por que Jesus atribuía a cura que realizava à fé do paciente ou ao mérito espiritual por ele alcançado.

No processo de desobsessão, para o que não se pode olvidar o tempo e a perseverança, por não se conhecerem o montante da dívida e o equilíbrio moral alcançado pelos protagonistas — paciente e obsessor — além de outros recursos, Jesus recomenda a oração sincera, além do jejum espiritual, que consiste na abstenção de maus pensamentos.

Com esses recursos, aliados à disciplina imposta pela dor, as algemas do ódio se desatam lentamente, ensejando a libertação de ambos para escolherem novos rumos na senda do progresso.

No restabelecimento à saúde do moço lunático, a falta de fé dos apóstolos, na condição de agentes ou intermediários, significa ausência de mérito espiritual do paciente, no quadro da dívida assumida. Neste caso, somente autoridade maior pode decidir sobre o simples alívio ou a cura total, contabilizada em forma de adiantamento, do que a criatura deverá prestar contas, como de todos os patrimônios que recebe adiantadamente no caminho da evolução.

Cada drama ou cada processo de dor guarda uma lauda de débitos, resgates e reajustes morais que, após examinada pelos mentores, decide quanto à cura ou somente ao alívio do sofrimento, ou ainda dilatando experiências físicas, dando origem à fé, que se define como certeza na obtenção de determinada coisa, porque procede de uma situação moral, íntima da criatura diante dos códigos divinos, também gravados nas páginas da consciência.

## 19

# *Oração*

*"Tudo o que pedirdes pela prece crede que obtereis."*
(Marcos, 11:24.)

Inúmeras criaturas abandonam os sublimes benefícios da oração, alegando desilusões quanto à sua eficácia, pela ausência de resposta satisfatória aos pedidos que fazem.

Admitida a prece por diálogo ou comunhão íntima da criatura com os seres do Além, entre os quais mentores e espíritos familiares, além da comunicação que enseja, a oração constitui forma de alimento espiritual, não significando apenas fator de pedido espiritual.

Contudo, se a prece tem por finalidade um pedido, compreende-se examinado, espiritualmente, sob três aspectos: quanto ao modo, por pensamentos, palavras e ações; quanto ao tempo, os pedidos do pretérito — existências anteriores — e os do presente; e quanto ao atendimento, a curto, médio ou longo prazo, considerando a necessidade e os méritos reais de cada ser, no quadro dos valores espirituais.

Se a pauta da vida atual teve por base as ações do pretérito, entende-se porque os pedidos de hoje, sem o crédito das boas ações, não podem modificar, aleatoriamente, as diretrizes adrede estudadas no Plano Maior, que determinam a terapêutica tantas vezes amarga dos dias presentes.

Os bons pensamentos e as boas ações decidem as respostas agradáveis do porvir, amenizando o carma de hoje, porque o amor, edificado no alicerce da caridade, da renúncia e do sacrifício, constitui crédito que cobre a multidão dos pecados.

Unicamente a reencarnação e a lei de causa e efeito esclarecem as questões do destino e da dor, bem como as respostas do Alto que, tantas vezes, parecem divergir do que se pede nas orações. Os espinhos que despontam no lugar das flores com que se sonha; a dor que surge à feição de medicina celestial; e o elixir amargo dos problemas diversos que aparecem à guisa de lição santificante ensejam a crença no provérbio, segundo o qual, quanto mais se reza, mais assombração aparece.

De outras vezes, é a saúde e a paz que retardam a messe de hoje, pela preferência que se empresta, intimamente, à lavoura do joio, cultivando sentimentos inferiores ao lado das inúmeras orações que profere.

Cada ser encontra a resposta certa ao que efetivamente pede às Leis Divinas, principalmente em forma de ações e pensamentos. O pai não dá pedra ao filho que lhe pede pão. Mas como encontrar pão farto quem apenas distribui pedras?

É da lei que toda ação produz reação igual e em sentido contrário. Por isso, convém analisar a natureza do que hoje se pede por ações e pensamentos, o que forçosamente estará determinando os sonhos ou os pesadelos às noites do porvir.

"A cada um segundo suas obras", afirma o Evangelho do Mestre.

A prece não tem por finalidade modificar o programa já elaborado na Espiritualidade, com base na sementeira pretérita e com vistas à redenção futura. No entanto, é a oração simples e sincera, sem retórica ou atavios, ensinada e exemplificada por Jesus, que sugere disposição, coragem e bom ânimo diante do calvário a subir e da cruz da vida terrena a ser transportada.

# 20

# *Bodas de Caná*

*"E foram também convidados Jesus e seus discípulos para as bodas. E, faltando o vinho, sua mãe lhe disse: não tem vinho; e aos serventes: fazei tudo quanto Ele vos disser. Disse-lhes Jesus: enchei d'água essas talhas. E encheram-nas. E disse-lhes: tirai agora, e levai ao mestre-sala."*

(João, 2:2 a 8.)

O uso de bebidas alcoólicas, cuja origem perde-se nos dias mais recuados, não encontra endosso no Cristo, por ter transformado água em bebida saudável, nas bodas de Caná.

Mesmo que a água houvesse adquirido o colorido e o sabor próprios do vinho, a essência e o efeito naturalmente devem ter sido diferentes, considerando que a missão do Mestre sempre esteve relacionada aos valores do Espírito.

O texto, todavia, sugere a autoridade do Cristo que, manipulando o fluido universal, pôde conferir colorido e sabor agradáveis à água, agradando a todos, enquanto assegurava saúde a seus corpos.

Em verdade Jesus não veio ao mundo para mudar hábitos alimentares, considerando as exigências da vida orgânica que promete atender aos que buscam, em primeiro lugar, o Reino dos Céus.

Sua missão, na Terra, compreende em mudar o comportamento ou os hábitos espirituais dos seres terrenos que o Evangelho faculta, a fim de compreenderem que a melhor bebida consiste em fazer a vontade do Pai celestial (*João*, 4:34).

O Senhor ensina aos apóstolos que o pão, a água, a veste e o teto não devem consistir preocupação, considerando ser o trabalhador digno de seu salário.

Procurando reforçar a confiança dos apóstolos, por duas vezes multiplica pães e peixes, saciando a fome de milhares de pessoas.

O profeta Elias também multiplicou farinha e azeite para a viúva de Sarepta, enquanto Eliseu multiplicou azeite para libertar um órfão da escravidão, além de alimentar, com sobra, cem pessoas com vinte pães.

Deve-se ressaltar, nesse ágape, as palavras de sua mãe aos serventes: "*Fazei tudo o que Ele vos disser*". Considerada também mediúnica, a orientação de Maria não se referia apenas às talhas que se deveriam encher de água, mas à observação a ser emprestada à doutrina de seu filho. Se os seres fizessem apenas o que o Evangelho recomenda — compreendendo a mensagem de Maria —, o reinado de Jesus já estaria implantado na Terra, para a felicidade de todos os seres.

# 21

# *Rebeca*

> *"E, orando, não useis de vãs repetições, como fazem os gentios, porque presumem que pelo muito falar serão ouvidos. Não vos assemelheis a eles, porque Deus sabe o de que tendes necessidade, antes que lho peçais."*
>
> (Mateus, 6:7 e 8.)

Sob inspiração mediúnica, o patriarca Abraão confiou a seu servo a tarefa de dirigir-se à casa de sua parentela, na Mesopotâmia, onde escolheria a moça para esposa de Isaque, seu filho único com Sara, que o concebera sob a promessa dos anjos, depois de avançados em idade, exigindo do servo a promessa de não tomar nenhuma das filhas dos cananeus, onde habitava (*Gênesis*, 24).

Diante da grave responsabilidade, de cujo juramento somente se desobrigaria se a moça escolhida não quisesse segui-lo, o servo preocupava-se durante a viagem sobre a maneira de identificar a jovem, entendendo que o encontro não deveria compreender fruto do acaso.

Chegando à porta da cidade de Nacor, parou seus camelos junto à fonte, onde orou, dizendo: "*Senhor Deus, eis-me junto à fonte onde as filhas da cidade virão buscar água. Peço, Senhor, que a donzela a quem eu pedir água de seu cântaro e que me responder 'bebe e darei também de beber a teus camelos', seja a que designaste para esposa do vosso servo Isaque*".

Ainda não havia acabado de orar, quando sobreveio formosa moça, que desceu à fonte, encheu seu cântaro e ia voltando, quando o servo lhe rogou para dar-lhe de beber. Inclinando, prontamente, o cântaro sobre o braço, ela deu-lhe de beber, dizendo, depois de despejar o restante no bebedouro: "*Vou buscar água para os teus camelos*".

Quando os animais acabaram de beber, tirou um anel e dois braceletes de ouro, deu-os à moça, perguntando: "*De quem és filha?*". Ela respondeu: "*Sou Rebeca, filha de Betuel, filho de Milca, irmã de Labão*".

O servo, prostrando-se por terra, exclamou: "*Bendito seja o Senhor Deus de Abraão, que me conduziu diretamente à casa dos parentes de meu amo*". E depois de dirigir-se à casa de Rebeca, onde pernoitou, contou a seus pais o mandato que o levara até ali, suas orações e o encontro com Rebeca, ao que os pais responderam que, se era da vontade do Senhor, nada teriam a opor, restando perguntar à jovem se estaria disposta a segui-lo. E, como Rebeca concordara, acertaram o seu consórcio com Isaque.

Deixaram-na partir, no dia seguinte, depois das profecias sobre seu futuro, acompanhada de sua ama e demais servas com a caravana que a conduziria ao futuro lar, que formaria com o filho de Abraão, de quem fora muito amada, segundo narração da própria *Bíblia*.

A história de Rebeca demonstra como as decisões divinas se cumprem na existência terrena, em que pesem as preocupações do homem nas sendas adversas a serem percorridas.

Nessa pauta, convém fazer referência ao plano que define as linhas principais da vida de cada ser, conhecido neste mundo por "destino", instituído pelos instrutores espirituais, de cujo estudo o candidato à reencarnação participa na medida de sua compreensão, com vistas ao imperativo da evolução, do resgate ou ainda às determinações do missionário.

À guisa de exemplo, deve-se lembrar a saga de José do Egito, simples pastor, inicialmente vendido pelos irmãos a mercadores, mais tarde condenado à prisão por falsa acusação e, finalmente, nomeado pelo Faraó às funções de primeiro ministro do país.

Convém fazer menção a Moisés que, embora educado no palácio do Faraó, é conduzido às tarefas de pastor, em que, mediunicamente, vem a ser convidado ao nobre serviço de libertação do povo hebreu, conduzido à terra prometida.

Finalmente, não se pode olvidar a saga de Tobias, de seu consórcio com Sara depois de casada por sete vezes, ainda que ajudado pelo Espírito Rafael mediante sua materialização.

Sem modificar as diretrizes traçadas pelas Leis imutáveis de Deus, a oração sincera constitui, com as ações, significativa influência no destino do homem e na equação de seus problemas.

Deve-se, ainda, compreender o valor da oração do servo de Abraão, simplificando o encontro de Rebeca com Isaque, mesmo que a sua união já constasse do quadro da existência terrena por constituir, ao que tudo indica, uma união de almas afins, programada na Espiritualidade, pelo mérito de ambos no terreno dos compromissos íntimos de suas existências anteriores.

Isaque e Rebeca foram pais de Esaú e Jacó, e este, dos doze filhos que constituíram as doze tribos de Israel.

# 22

# *Sodoma*

*"Se alguém não vos receber, nem ouvir, ao sairdes daquela cidade, sacudi o pó dos vossos pés. Em verdade vos digo que no dia do juízo, essa cidade será tratada como Sodoma e Gomorra."*

(Mateus, 10:14 e 15.)

Quando os anjos anunciaram a Abraão o nascimento de seu filho Isaque, informaram também que estavam se dirigindo a Sodoma e a Gomorra, que seriam destruídas em virtude das imperfeições de seus habitantes (*Gênesis*, 18).

Preocupado com a informação dos anjos, Abraão perguntou se fariam o justo perecer com o ímpio, porque talvez houvesse na cidade cinquenta justos. Perdoaremos a cidade, responderam os anjos, em atenção aos justos. O patriarca ainda ponderou que poderia haver menor número de seres retos, levando-o a perguntar o que aconteceria se fossem encontrados, na cidade, apenas dez, ao que os anjos responderam que perdoariam a cidade por amor aos dez justos que ali vivessem.

Em Sodoma, porém, não existiam dez pessoas nessa condição. Justo, somente Ló. Por isso, os anjos dirigiram-se a ele e o convidaram a deixar a cidade, a fim de não ser alcançado pelo fogo.

Deixou Ló a cidade, acompanhado de duas filhas e de sua mulher que, duvidando do que os anjos disseram, olhou para trás, ficando convertida, segundo a descrição bíblica, numa estátua de sal.

Olhar à retaguarda é manter vínculos de qualquer natureza com o passado, sendo, por isso, emblema dos seres que estão ligados aos interesses transitórios do pretérito ou algemados ao campo das paixões e das dependências de que se tornaram escravos, ou ainda porque mantêm compromissos que dependem de resgate.

Desinteressados, não raro, do progresso e do futuro, no qual não estão dispostos a acreditar, porque igualmente seriam constrangidos a uma mudança de conduta que ainda não lhes interessa, conservam-se indiferentes quanto à caminhada evolutiva.

Ló teve, pois, de caminhar com as filhas, deixando atrás a esposa, que se convertera no símbolo da incredulidade. Igualmente, na senda da evolução, Espíritos superiores são forçados a deixar, na retaguarda do progresso, parentes e amigos ainda escravizados aos interesses transitórios ou às paixões que livremente escolheram.

Sodoma e Gomorra foram destruídas possivelmente pela erupção de algum vulcão, e seus habitantes pereceram sob as cinzas. Da mesma forma, Herculano e Pompeia, no ano 79 d.C., foram destruídas pelo Vesúvio, que deixou, sob as lavas, os corpos petrificados dos que ali habitavam.

Os anjos não podem impedir a erupção de um vulcão, mas sabem, com antecedência, quando o fenômeno ocorrerá. Deixam, no entanto, que as criaturas, guiadas pela lei de resgate, dirijam-se para locais estratégicos, inclusive no processo de reencarnação, em que são surpreendidas pelos fenômenos da natureza que as auxiliam no processo de evolução espiritual.

Não é, pois, o Cristo quem castiga a criatura, mas a própria consciência que, lavrando a sentença, aguarda as condições adequadas à reparação.

Convém lembrar, ainda, que as Leis Divinas, inscritas nas laudas da consciência de cada ser, não permitiriam o sofrimento à criatura do pretérito, por uma falta de que outra pessoa, portadora hoje de maior discernimento, estaria isenta, em desacordo com os princípios de responsabilidade, segundo os quais muito se pedirá ao que muito recebeu.

Impossível admitir, pois, que a moral preceituada no Evangelho, com base na cultura instituída na Terra, mude sua definição de conformidade com o tempo, nem que o Cristo venha a regular o conceito das Leis Divinas ao imperativo dos interesses mesquinhos das criaturas desta geração, porque elas passarão, como o céu e a Terra, no dizer do Cristo, mas suas palavras, como Ele, permanecerão.

Se à época de Sodoma e Pompeia milhares de corpos ficaram sob as cinzas a fim de que a dor coletiva auxiliasse no processo de evolução moral, do mesmo modo, os clamores que hoje alcançam os céus estarão determinando os processos de sofrimento, individual ou coletivo, que diariamente alcançam o homem, a fim de conduzi-lo à senda da perfeição.

# 23

# *Torre de Babel*

*"Façamos para nós uma cidade e uma torre, cujo cimo atinja os céus, [...] para que não sejamos dispersos pela face da terra. Mas o Senhor confundiu a linguagem, de sorte que já não se compreendiam [...] e assim os dispersou por toda a terra [...] e cessaram de construir a torre [...] que recebeu o nome de Babel."*

(Gênesis, 11:4, 7 a 9.)

Referência a um tratado de paz que pudesse reunir todas as nações e povos, a torre constituiu-se de proposta de elevada significação que, surgindo entre as civilizações mais antigas, como anseio do homem, não conseguiu ainda se concretizar na Terra, em face dos diversos idiomas da imperfeição humana, denominados egoísmo, ambição, despotismo e crueldade. Essas mazelas morais constituem ainda o grande obstáculo à instalação definitiva do reinado de paz e de união entre os povos, cuja torre simbólica teve sua construção interrompida, por ausência do alicerce dos valores morais do homem, célula viva do organismo social.

Apesar dos diversos tratados de paz e da constituição de Organismos Internacionais, a guerra, a fome e a insatisfação, como se naturais, continuam permanentes em quase todas as regiões do planeta, porque alimentadas pela prepotência das grandes nações, que mantêm o propósito de dominar e escravizar os povos mais fracos da Terra. O cenário terreno sofreu, segundo Emmanuel, modificações físicas, mas os espíritos, como atores, permanecem os mesmos.

Com os recursos, habilmente usurpados de nações mais fracas, constrói-se poderoso arsenal bélico, com que as intimidam e, como legítimos anticristos, os ditadores e opressores de todos os tempos prosseguem seus reinados de prepotência e de miséria, a que, milenarmente, estão condicionados.

As indústrias bélicas das nações mais ricas atingem, atualmente, culminância imprevista e, apesar dos justos anseios de liberdade e de paz, a Terra continua a ser palco de opressão dos magnatas da economia e do poder, em nome de uma falsa democracia, que estabelece direitos para ricos inescrupulosos e obrigações pesadas para as classes mais desfavorecidas, fartas de promessas de seus representantes, os políticos ou fariseus de todos os tempos.

Como alusão a um organismo social que venha a sustentar a paz de todos os povos, com base em seus direitos e nas Leis Divinas, é proposta que, embora iniciada com a Codificação Espírita, só poderá ser concluída após a seleção dos espíritos aqui matriculados, já programada para o presente século, porque terá, como alicerce, a conscientização de todos no Evangelho de Jesus, com observação rigorosa dos parágrafos de respeito e fraternidade.

Nessa época não distante, ainda que a cultura religiosa de cada ser não enseje idênticas interpretações para todos, os povos terrenos, reconhecendo a origem das separações e das discriminações econômicas e religiosas, no orgulho, no egoísmo e na prepotência, estarão constituindo um só rebanho e uma só família, respaldando-se no respeito e no amor ao próximo.

As construções que têm por base os idiomas da ambição e da prepotência, à semelhança da Torre de Babel, nunca alcançarão o céu, porque pertencem ao reinado terreno.

Somente com a linguagem universal do respeito e da fraternidade, que desde já deve ser exercitada, será possível a edificação tão sonhada em todos os tempos, que unirá todos os povos terrenos aos que já residem nos planos superiores, ligando pois a Terra ao Reino luminoso de Jesus.

# 24

# *Seara de Boaz*

*"Quando segares a messe do teu campo, não voltes a respigá-lo, ainda que nele esqueças um feixe de espigas. Quando sacudires tua oliveira, ou quando vindimares tua vinha, não voltarás a rebuscá-las, porque o fruto restante pertence ao estrangeiro, ao órfão e à viúva."*

(Deuteronômio, 24:19 a 21.)

Entre as leis de caráter humanitário, Moisés institui diretrizes sobre a ceifa e a vindima, visando amparar o estrangeiro, a viúva e o órfão.

Sob o amparo desse código, pobre viúva moabita buscou a seara de Boaz, pedindo permissão para ali respigar. Mais tarde, o dono da seara fala-lhe, conselheiro: "*Se te aprouver, não te afastes daqui, mas junta-te às minhas servas e segue-as no campo onde ceifarem. Se tiveres sede, vai à bilha e, à hora de comer, vem e come a tua parte de pão*". A seguir, recomenda a seus servos que deixem cair de seus feixes, como por descuido, algumas espigas, para que ela as apanhe (*Rute*, 2).

O carinho de Boaz com a viúva moabita que fora respigar em sua seara e a preocupação de Jesus com a grande família que acolheu em sua casa planetária traduzem figura que estabelece identidade entre Boaz e Jesus. Boaz, além de demonstrar preocupação com a indigente que respiga em seu campo, excede o limite dos códigos estabelecidos por Moisés, oferecendo à viúva o pão e a bilha de água destinados somente aos ceifeiros.

Na Parábola dos Trabalhadores da Última Hora, como pai de família, Jesus determina que todos os obreiros de sua seara recebam o mesmo denário, antes combinado com os que começaram cedo, trabalhando o dia todo.

Desde que as criaturas iniciaram suas experiências no palco da vida física, constituindo as civilizações mais antigas da Terra, por intermédio de seus mensageiros, os profetas de todos os tempos, Jesus aparece à praça imensa da Terra, a fim de assalariar os trabalhadores ali encontrados.

Por inúmeras vezes, no curso dos milênios — nas várias horas do dia — Espíritos de escol vestiram suas túnicas de carne, retornando à lavoura da Terra, para reiterar o convite do Cristo, aconselhando que os homens não se afastem da seara do bem, mas acompanhem seus servos, no campo onde semeiam, com o que encontram igualmente o jornal da felicidade e da paz.

Convém lembrar que, apesar da preocupação de Jesus com a presença das criaturas em sua vinha, somente assalaria os que já se desvincularam dos outros campos, onde tantos ainda preferem se demorar. Considere-se também que, por maior seja o seu desvelo, nunca invade os campos das consciências, a pretexto de levar o convite, nem mesmo para impor as diretrizes de seu Evangelho.

Somente após inúmeras colheitas de desenganos, nos campos dos compromissos e respectivas reparações, é que as criaturas se afastam das lavouras de espinho, para se colocarem à disposição de Jesus entre os candidatos às lides de sua seara.

Ainda assim, muitos convidados recusam o convite, enquanto outros se preocupam com a escolha dos primeiros assentos.

Nessa pauta, recorde-se os que apenas querem ser servidos, ignorando que o Dono da vinha ainda serve; os que pegam no arado com os olhos nas propostas vulgares da retaguarda; os que estão preocupados nos consórcios dos interesses terrenos; e, ainda, os que não esperam ser convidados, por confundirem a seara de Jesus com a da Terra, onde o reinado é tomado à força, porque são os violentos que se apoderam dele.

Eis por que afirma Jesus: "*A seara é imensa, sendo raros, porém, os trabalhadores de boa vontade*". (*Mateus*, 9:37.)

A seara do Evangelho, de conteúdo extenso, ainda reclama a presença dos trabalhadores de boa vontade — os que dão a vida na defesa da lavoura — considerando os voluntários lavradores que, preocupados exclusivamente com o soldo, a exemplo de Anás e Caifás, ainda atentam contra a vida do proprietário da vinha (*Mateus*, 21:38 e 39).

## 25

# *Véu do templo*

> *"E eis que o véu do templo se rasgou em duas partes, de alto a baixo, o Sol se escureceu, a terra tremeu, fenderam-se as rochas. Os sepulcros se abriram e os corpos de muitos justos ressuscitaram e, saindo de suas sepulturas, entraram na Cidade Santa, depois da ressurreição de Jesus e apareceram a muitas pessoas."*
>
> (Mateus, 27:51 a 53.)

Os fenômenos descritos por dois evangelistas, quer produzidos por tremor de terra ou admitidos apenas por efeitos físicos, posteriores à crucificação do Cristo, deram-se entre a hora sexta e a hora nona.

O fato, porém, de um túmulo abrir-se, por qualquer motivo, não é fundamento para a ressurreição do ser, cujo corpo estava em decomposição. Assim, pois, pelo menos uma parte da narrativa deve ser examinada figuradamente.

A crucificação assinala o término das atividades do Cristo na Terra. Admitindo-se por "dia" sua presença neste plano, deve-se traduzir por "noite" sua ausência ou seu retorno às ditosas moradas, considerando ser o grande astro que ilumina os caminhos evolutivos da Humanidade. Por isso, aconselhava aos apóstolos: "*Andai enquanto é dia*". (*João*, 11:9.) Dia foi, nesse caso, o período que assinalou sua presença no mundo, enquanto a crucificação assinala a volta do mundo à escuridão.

As rochas que se fendem compreendem as bases que sustentam o edifício das convenções religiosas do Judaísmo ou similares. Os túmulos, que na terra assinalam o término da vida, com a mediunidade enaltecida por Jesus, simbolicamente, se abrem revelando a imortalidade. No entanto, é o Espírito que retorna e não o corpo físico. As visões do Cristo, após a crucificação, e dos justos, que aparecem a muitos, devem ser admitidas por fenômenos mediúnicos e não por ressurreição.

Sob o imperativo dos ventos da conscientização cristã, as cortinas alegóricas, que separam as duas dimensões da vida ou que ainda assinalam o fim, por ocultarem a vida organizada noutro plano, rasgam-se de alto a baixo, permitindo que a mediunidade sublimada revele as infinitas moradas da casa do Pai celestial.

Convém recordar um parágrafo do primeiro capítulo: "Se portas simbólicas se fecham com a morte, traduzindo o desconhecido, janelas se abrem com a mediunidade, restabelecendo a comunicação com os seres do Além e anunciando a abertura dos túmulos". O túmulo apenas assinala o término de um dia maior no relógio da eternidade.

# 26

# *Jesus sofre as imperfeições humanas*

*"Ele mesmo tomou as nossas enfermidades e carregou as nossas doenças"* (MATEUS, 8:17); *"foi traspassado pelas nossas transgressões, moído pelas nossas iniquidades, enquanto sarados fomos por suas pisaduras".* (ISAÍAS, 53:5.)

Respaldado em interpretações místicas a que o trecho bíblico sugere, o religioso tradicional se julga exonerado de qualquer esforço de renovação íntima, admitindo-se isento de qualquer culpa, com base no sangue derramado e no sofrimento imposto ao Cristo, olvidando que o calvário, *para os seres terrenos*, compreende o quadro imposto pela consciência culpada, que visa libertar-se do remorso, o maior sofrimento a que o erro ou o crime conduzem (*João*, 8:34).

Tomando por base princípios dogmáticos a que se submete, e alimentando imperfeições que atribui ao diabo, a criatura escreve, com a tinta das ações, o próprio roteiro de vidas futuras, cujo sofrimento será atribuído a Deus, e as alegrias, à iniciativa própria.

Jesus, em verdade, denuncia o sofrimento nas lágrimas que derrama à entrada de Jerusalém, não somente por antever o quadro de amargas experiências que a ignorância anotava para futuro resgate, mas por compreender também a inferioridade moral que destaca o comportamento das pessoas.

O Senhor ainda sofre por conhecer o terreno dos corações nos quais espalhou as sementes do amor e da moral, revelando ainda o joio do orgulho e da prepotência, do egoísmo e da ingratidão, os mesmos grãos que recolheu pelo bem que distribui aos seres terrenos.

Não se deve estranhar, pois, que, havendo curado dez leprosos, apenas um tenha voltado para prostrar-se a seus pés, em manifestação de agradecimento (*Lucas*, 17:15).

O primeiro mandamento do decálogo mosaico, depois das retificações impostas pelo autor e pelos profetas Jeremias e Ezequiel, resumidamente, esclarece: A alma que pecar, essa morrerá. O filho não levará a iniquidade do pai, nem este o pecado do filho. A justiça do justo ficará sobre ele, enquanto a perversidade do perverso cairá sobre ele. (*Jeremias*, 31:29 e *Ezequiel*, 18:28.)

Nenhuma justiça condena ninguém pelo pecado de outrem, como sugere o trecho citado, sob interpretações apressadas e de exclusivo interesse pessoal, recordando o édito de Justiniano que converte em batismo a lei de reencarnação, visando isentar a rainha Teodora do resgate imposto pela lei de causa e efeito, considerando a sentença de morte que impõe às suas ex-colegas de meretrício.

O misticismo, que o trecho sugere, invalida a moral imposta pelo Cristianismo, o processo de evolução espiritual e o imperativo da lei do amor ao próximo, no intuito de driblar as Leis Divinas, retardando a marcha evolutiva, considerando a sentença prescrita para o juízo final que assegura: "*A cada um será dado segundo suas ações*".

Transformado em dogma pela Igreja universal, o conceito niilista é responsável pela acomodação do homem ao quadro das imperfeições morais, alimentando inimigos íntimos, que têm por ascendente o orgulho, porque atribui a remissão dos pecados ao sangue derramado e ao sofrimento antecipado de Jesus.

Admitindo-se imunizados contra quaisquer pecados, que o dogma do perdão simbólico ratifica, a religião tradicional nega a orientação sobre o destino a que as imperfeições morais conduzem, afastando o homem da legítima terapêutica, deixando de identificar, simbolicamente, a presença das bactérias das mazelas morais ou do vírus dos crimes, como fatores do sofrimento.

Definidos os erros por escravidão e morte, facilmente se compreende a resposta de Jesus endereçada ao moço que lhe pede para sepultar o corpo de seu pai: "*Deixa aos mortos o cuidado de sepultar seus mortos*". (*Mateus*, 8:21 e 22.) Somente aos autores dos delitos, também admitidos por mortos, compete reparar suas faltas, dando, pois, sepultura a seus delitos ou cadáveres. Possivelmente, Jesus não se referia ao corpo necessitado de sepultura, recordando tão somente a impossibilidade de se resgatar sentenças alheias, em que pese a contribuição simbolizada no comportamento do Cireneu.

Terminando, vale esclarecer: A escola, o bom professor e o bom livro também carregam, indiretamente, a ignorância, e consequentes doenças morais, pela orientação que asseguram, compreendendo a vacina com que os seres se imunizam dos sofrimentos oriundos da inferioridade moral, que constitui a origem do continuado processo das reencarnações.

## 27

# *Arrebatamento de Elias*

> *"Tendo atravessado o rio, Elias disse a Eliseu: Pede-me algo, antes que eu seja arrebatado de ti. Disse-lhe Eliseu: Seja-me concedida uma porção dobrada de teu espírito [...]. Respondeu Elias: Se me vires, quando eu for arrebatado de ti, isto te será dado [...]. Eis que, de repente, um carro de fogo com cavalos de fogo os separou um do outro e Elias subiu ao céu num turbilhão."*
>
> (II Reis, 2:8 a 11.)

A reencarnação, constituindo base do Cristianismo até o século VI, foi substituída pelo dogma do batismo e do sono eterno, fazendo calar as vozes da imortalidade, da evolução do Espírito e consequente Justiça Divina.

Sob o domínio de seculares ordenações, que determinaram a forma de se pensar, proibindo o livre raciocínio, acomodou-se o homem aos interesses inerentes à vida física, dobrando-se ao imperativo de um reinado transitório e prepotente, mas que, no entanto, não lhe cobra esforço algum de reforma íntima, nem condena o espírito por crimes praticados.

Apagada qualquer lembrança da religião do Cristo, principalmente sobre a reencarnação, oculta sob o manto da simbologia, o homem — adepto da religião "universal" — nada conservou da alma do Cristianismo, razão de admitir o arrebatamento de Elias, num carro de fogo e no corpo físico, por não compreender o perispírito nem a vida organizada noutra dimensão.

A ausência de recordação do pretérito, contudo, não deve constituir motivo para se negar a imortalidade, considerando que a faculdade mediúnica, também abafada na idade do obscurantismo, sempre esteve presente, comprovando a imortalidade do Espírito.

O arrebatamento de Elias, exonerado da morte física, tem por base o imperialismo religioso por não aceitar a reencarnação nem a vida além da morte física, admitindo, por isso, que o Batista teria sido apenas o substituto de Elias. No entanto, não se pode olvidar o imperativo da lei de causa e efeito que, sem qualquer equívoco, alcança o antigo profeta no corpo do Batista, visando à libertação do jugo imposto pelo remorso que anotou na morte dos profetas de Baal. (*I Reis*, 18:40.)

Mais consentânea com a razão, a cultura espírita define o fenômeno do arrebatamento de Elias por visão mediúnica, que veio assinalar o seu desenlace, naturalmente desconhecido por Eliseu, e ensejar o seu pedido para que lhe fosse concedida "porção dobrada do Espírito Elias", ou seja, de sua faculdade mediúnica, o que em verdade Eliseu, naquele momento, já possuía, conforme comprova a sua visão.

Fora, pois, mediúnica a viagem de Eliseu, na companhia de Elias, este já desencarnado, até à margem de grande rio que, na sua interpretação, seria o Jordão, cujas águas cristalinas fere com seu manto, para empreenderem a travessia, na condição de Espíritos.

Acompanhara espiritualmente seu mestre e amigo até determinada região da Espiritualidade que assinala duas dimensões evolutivas, descritas pelo Espírito Jacob.[7]

Tão nítida fora a visão extrassensorial que, na ausência de uma cultura sobre a vida espiritual, embasada hoje pela Codificação, o Profeta teve a impressão de que fora no próprio corpo físico que Elias tinha sido arrebatado.

Há que se considerar ainda não só a ausência de vocabulário para definir visões de paranormalidade, como o colorido que cada ser empresta ao definir tais manifestações, de acordo com a cultura que possui.

---

[7] *Voltei*, livro psicografado por Chico Xavier — FEB.

No Espiritismo, são igualmente catalogados por fenômenos mediúnicos a ascensão de Jesus, apenas na visão dos apóstolos; os acontecimentos do Pentecostes com a eclosão da mediunidade dos discípulos, no símbolo das línguas de fogo e a visão da convertida de Magdala, no domingo de Páscoa.

Depois das veredas do Calvário, os encontros de Jesus com os discípulos sempre foram fenômenos paranormais, sejam na viagem de Emaús ou no cenáculo a portas fechadas, ensinando aos incrédulos, de que Tomé vem a ser símbolo, para crerem sob o imperativo da razão.

Recorde-se ainda a pesca milagrosa, determinando aos discípulos que estendessem suas redes à direita, com o que os orienta na jornada messiânica de conquista aos corações mais nobres.

Foi mediúnico ainda o encontro que tivera com Pedro, ratificando o convite para apascentar suas ovelhas, não porque o Apóstolo estivesse desatento à sua anterior recomendação, mas com o propósito de estender a orientação ao colegiado, para o indispensável apoio que deveria emprestar ao companheiro de jornada no capítulo da unificação de sua doutrina.

Finalmente, refere-se Jesus à paranormalidade de Natanael, quando lhe diz que veria o céu se abrir e os anjos subirem e descerem sobre o Filho do Homem, como mediúnicos têm sido todos os processos de comunicação entre encarnados e desencarnados, que se processam de conformidade com a escala dos valores morais de que as criaturas sejam portadoras.

# 28

# *Desobsessão*

*"Ouvistes o que foi dito: olho por olho, dente por dente. Eu, porém, vos digo: não resistais ao perverso; e ao que quer demandar contigo em busca da túnica, deixa-lhe também o manto. Se alguém te obrigar a andar uma milha, vai com ele mais duas. Dá a quem te pede e não voltes as costas ao que deseja que lhe emprestes."*

(MATEUS, 5:38 a 42.)

Na ausência do leme da conscientização evangélica sobre as leis de causa e efeito que determinam o destino de cada ser, pelo bom ou mau uso da liberdade, a obsessão, nos seus mais variados aspectos e desde as eras mais remotas, tem constituído escolho ao barco frágil dos destinos humanos, ainda construído dos recursos pobres de suas imperfeições.

Davi assegurava a Saul, o primeiro rei de Israel, através da música, a terapia para afastá-lo de suas crises habituais. Ao rei Nabucodonosor, da Babilônia, foi revelado, em sonho, que, durante sete anos, buscaria a erva do campo, processo largamente usado no plano inferior da espiritualidade e denominado no Espiritismo de licantropia ou zoantropia. Vale lembrar ainda o atendimento de Jesus ao endemoninhado gadareno que buscava refúgio nos túmulos, e ao moço lunático que os apóstolos não puderam curar.

André Luiz descreve imensa gama de manifestações obsessivas, suas origens e os respectivos processos de tratamento,[8]

---

[8] *Nos domínios da mediunidade*, pelo Espírito André Luiz — FEB.

enquanto Bezerra de Menezes narra acontecimentos que se desenrolam no século XV, dando origem a longo ciclo de sofrimento que termina no início do século XX.[9]

Os sanatórios espíritas asseguram aos pacientes, por meio de intensivo tratamento de emergência, o pronto alívio, à semelhança do que prometia Jesus aos aflitos e sobrecarregados, mas é o núcleo espírita de boa orientação que confere o tratamento definitivo, em que o enfermo sedimenta a própria libertação.

Atrás de cada drama obsessivo existe uma lauda de compromissos assumidos no campo do livre-arbítrio, algumas no início, outras no final da reparação. Pacientes e algozes mais dóceis que aceitam o auxílio para a própria renovação e outros, impermeáveis aos conselhos e orientações, cujas algemas do ódio a que ainda se vinculam somente o concurso do tempo e a terapia de dores mais intensas conseguirão desatar.

A recuperação definitiva de cada paciente guarda relação, pois, com o montante do débito por ele assumido no pretérito e com a reforma íntima que venha a se impor pela conscientização, sem desconsiderar a natureza do credor invisível, não obstante a contribuição dos mentores espirituais e dos colaboradores encarnados no capítulo da assistência espiritual.

Não existem fórmulas milagrosas, tão a gosto das criaturas inexperientes, como o chamado desenvolvimento mediúnico do enfermo com o próprio obsessor, gesto inconsequente que só agrava os desequilíbrios psíquicos, conforme ensina o *Espírito* Bezerra de Menezes.[10] Convém se faça referência aos trabalhos de desobsessão em massa, que não passam de meras fantasias, ironizadas pelos próprios obsessores.

Vale, por isso, propor aos adeptos e defensores dessas teorias que as comprovem nos sanatórios onde os resultados compreenderão melhores testemunhas. Que prevaleça, pois, o bom senso

---

[9] *Dramas da obsessão*, pelo Espírito Bezerra de Menezes — FEB.

[10] *Recordações da mediunidade*, psicografado por Yvonne A. Pereira — FEB.

e a razão entre os obreiros sérios da Doutrina, lembrando ainda que toda árvore que o Pai celestial não plantou será arrancada e queimada pelo processo de conscientização.

Jesus ensina que as doutrinas que prometem a solução de problemas semelhantes, mediante fórmulas exteriores e menor esforço, tornam inútil o mandamento divino consignado em seu Evangelho.

Segundo as manifestações, o Codificador classifica as obsessões por simples, fascinação e subjugação.

Convém, por isso, recordar a legítima terapêutica, proposta pela Doutrina Espírita, que consiste nos seguintes recursos:

- oração sincera — como fonte de forças espirituais;
- passe — à guisa de transfusão de energias psicofísicas;
- estudo do Espiritismo — que enseja recursos para vencer as próprias imperfeições;
- trabalho assistencial — do qual resultam três fatores: a terapia ocupacional, a companhia de Espíritos superiores e o crédito pelo que se faz em favor de terceiros;
- vínculo permanente ao núcleo espírita de boa orientação; e
- trabalho mediúnico de desobsessão.

Esses fatores, exercitados ao longo do tempo, irão sedimentar a reforma íntima e o crescimento moral do enfermo encarnado, modificando-lhe a frequência vibratória, com o que interromperá a sintonia mental que estabelecia com o desencarnado que, como alternativa, só disporá de meios indiretos para alcançar seus infelizes objetivos. No entanto, por vezes, vale-se dos mesmos fatores para renovar-se, igualmente, abandonando o campo da retaliação.

Não se devem subestimar os vínculos que estreitam as criaturas através de longas experiências, que guardam relação à natureza dos débitos assumidos em pretéritas existências, para se compreender as dificuldades que constam da pauta das encarnações de quem desprezou as diretrizes do respeito ao próximo, no uso de temporários talentos da riqueza, da autoridade ou de falsos direitos que as convenções terrenas lhe conferiram.

Jesus lembra, por isso, o imperativo da reconciliação com o adversário, enquanto estiver com ele no caminho da existência terrena, a fim de não ser alcançado pela justiça inscrita no livro da consciência.

Procurando recursos para amenizar tais processos de dor, a espiritualidade vale-se, ainda, do instituto do lar, onde os protagonistas se reúnem, pelos vínculos consanguíneos, com a finalidade de desatar os laços do ódio em que se envolvem por longos períodos de sofrimento.

Devem ser compreendidas, pois, as frustrações a que estão sujeitos os membros da família, por ausência de conscientização espírita, por negligência ou mesmo por fraqueza, na senda do reajuste comum. Quanta antipatia cultivada no recinto doméstico, dando origens a agressões ou adiamentos de compromissos, mediante separações injustificáveis!

Diante, pois, dos débitos já existentes no quadro da consciência, recomenda Jesus àquele que, na senda do resgate, for solicitada a túnica tecida pelos fios da consanguinidade, que ofereça também o manto do amor, porque não bastam os vínculos da família na solução dos problemas de reconciliação. E ratifica, dizendo: Se alguém te obrigar a caminhar mil passos — emblema da existência terrena — acrescentem-se mais dois mil passos de novas experiências, com o que, além de eliminar as algemas do ódio, podem-se tecer os laços do amor, garantia plena da felicidade permanente. E, porque os algozes do pretérito poderão constituir a ampliação da família espiritual do porvir, Jesus ainda ensina ser necessário que, depois de quitados os compromissos, e a título de investimento, se ajude o companheiro retardatário em seu processo de evolução.

São inúmeras as experiências, no campo da carne ou fora do corpo físico, para se alcançar a quitação de velhos compromissos e assegurar algum patrimônio espiritual que constitui a riqueza do porvir. A profilaxia, porém, consignada no Evangelho, consiste sempre na prática do bem e no respeito ao próximo.

Genericamente, porém, pode-se afirmar que a escola espírita auxilia o progresso espiritual coletivo das criaturas, recordando, no entanto, que a evolução de cada ser, no relógio do tempo, corresponde sempre ao grau de entendimento e ao esforço individual.

# 29

# *Remendo*

*"Ninguém põe remendo de pano novo em vestido velho."*
(Mateus, 9:16.)

Enquanto a roupa que identifica as doutrinas convencionais tem por base o tecido das convenções, a veste nova da Codificação tem por origem a moral e a reforma íntima, sugerindo distintas culturas, obrigando a que sejam examinadas sob diferentes prismas.

Duas espécies de remendo devem, por isso, ser consideradas no domínio das religiões. Enquanto o *remendo novo* significa o conserto da roupa, o *remendo velho* compreende parte da indumentária, que se constitui de diversos pedaços, definidos por tradições.

Importa sejam relacionadas algumas tradições em que as doutrinas convencionais se respaldaram, iniciando-se pelas implantadas por Abraão, origem das maiores religiões, seguindo-se com as de Moisés, considerado primeira revelação no Ocidente.

A circuncisão instituída pelo patriarca assinalava o pacto que estabelecera com os Espíritos, sinal que identificava os membros da família, ou as marcas que Paulo de Tarso atribui às suas cicatrizes, por assinalarem os açoites que autenticavam a condição de apóstolo de Jesus.

Seguem-se os holocaustos dos animais, instituídos por Moisés com o propósito de eliminar inaceitáveis holocaustos humanos que, embora não anotadas nas tábuas da Lei, admitem significativas críticas de Isaías, resumidas nos seguintes textos:

"*Estou farto dos holocaustos de carneiros e da gordura de animais cevados e não me agrado do sangue de novilhos, nem de bodes ou cordeiros*". (*Isaías*, 1:11.) "*Imolar um boi é como cometer um homicídio. Sacrificar um cordeiro é como quebrar o pescoço a um cão. Oferecer uma oblação é como oferecer sangue de um porco; e queimar incenso, como bendizer a um ídolo*". (*Isaías*, 66:3.)

O jejum do alimento físico, o incenso, as festas consagradas à lua nova — os dias santificados — e as diversas solenidades religiosas compreendem, igualmente, tradições herdadas de outras searas religiosas, a que Isaías também faz alusão, dizendo: "*Não continueis a trazer ofertas vãs, que já me são pesadas; o incenso é para mim abominação, como as festas da lua nova e as solenidades aos sábados; não suporto iniquidade associada a ajuntamentos solenes*". (*Isaías*, 1:13 e 14.)

O batismo denuncia diferentes motivos. O instituído por Moisés refere-se à impureza atribuída à mãe, durante 40 ou 80 dias, com base no sexo masculino ou feminino da criança. O instituído pelo Batista, recomendado por seu mentor espiritual, tinha por finalidade preparar o ser humano para a compreensão do Cristianismo nascente, identificando, ainda, a chegada neste plano do Grande Esperado. Finalmente, o batismo implantado por Justiniano, que traduz purificação simbólica, propondo correção às Leis de Deus sob o pretexto de eliminar o falso pecado de origem do corpo.

Não se deve olvidar a consagração do primogênito, na doutrina mosaica, com significativa discriminação ao Espírito feminino, ainda que normal àquela época.

O pão sem fermento — ázimo —, instituído ao povo judeu na fuga do Egito, compreende o alimento espiritual, simbolizado no Evangelho ou no corpo de Jesus, que aparece na hóstia, depois de transplantado para outra lavoura, considerando suas palavras: "*Eu sou o pão que desceu do céu; se alguém dele comer, viverá eternamente*". (*João*, 6:51.)

A unção, que no mosaísmo surge em atos solenes conferidos aos príncipes e reis, reaparece noutro terreno religioso, por derradeira lembrança aos que se despedem da existência, insinuando o fim da vida e determinando a morte por destino de todos.

Os ídolos, desafiando os milênios, constituem forte cultura atual, apesar de condenados por Moisés (*Levítico*, 26), o que foi ratificado no primeiro mandamento do decálogo, e, também, por inúmeros profetas, entre os quais *Isaías* (44:15 a 20) e *Jeremias* (10:3). Recomenda-se conhecer as anotações sobre ídolos e imagens, constantes do item 4, capítulo "Jeremias", do livro *Os Profetas* e o capítulo 45, do livro *Notícias do Reino*.

As tradições ou os dogmas recordam, pois, os diversos remendos de pano velho que constituem a indumentária, a flâmula das doutrinas convencionais, que conservam do Cristo apenas a escultura, que o recorda vencido e submisso ao império da Terra.

O Cristianismo não se constitui de tradições ou de remendos. O Evangelho de Jesus ou sua autoridade fazem lembrar sua indumentária inteira, o manto que, numa referência ao seu reinado espiritual, fora tecido sem costura de alto a baixo, dando motivo a não ser dividido pelos soldados.

## 30

# *Grande tribulação*

> *"Porque haverá grande tribulação, como desde o princípio do mundo até agora não tem havido, nem haverá jamais."*
>
> (Mateus, 24:21.)

O capítulo 24 de *Mateus* divide-se em seis partes. Sob o título "princípio das dores", a segunda parte faz menção a guerras e rumores de guerra, fome, epidemias e terremotos em vários lugares.

Com o título de "grande tribulação", a terceira parte, destacada para estudo, assegura que tais ocorrências nunca existiram, desde o princípio do mundo, nem existirão jamais, acrescentando: "*Não tivessem aqueles dias sido abreviados, ninguém seria salvo, mas, por causa dos escolhidos, tais dias serão* abreviados". (*Mateus*, 24:22.)

Dores físicas constituem, pois, o *princípio das dores* ou o quadro de experiências de que os apóstolos se compreendiam defesos, considerando a recomendação do Mestre para que não temessem os que matam o corpo, reforçada com a oração que faz por eles: "*Não vos rogo, meu Pai, pelo mundo, mas por aqueles que me deste, porque são teus. Não vos peço que os tires do mundo, e sim que os guardes do mal*". (*João*, 17:9 e 15.)

A *grande tribulação* deve ser examinada sob diferente prisma, porquanto, apesar das referências anotadas no capítulo 4 de *Mateus*, ainda não foi reconhecida porque, equivocadamente, atribuída a Jesus, sob o nome de "tentação".

A tentação ingenuamente atribuída ao Senhor, no entanto, faz alusão exclusiva ao poder econômico, do que deu sobejas demonstrações de desprendimento desde a manjedoura que elege por berço.

Os prejuízos morais oriundos da riqueza malconduzida não podem ser ignorados, mas admitidos por obstáculo à jornada evolutiva, considerando que o apego à riqueza estabelece vínculos espirituais com Espíritos da mesma natureza, secundando a vulnerabilidade humana.

Ao quadro das tentações, deve-se acrescentar, pois, o atual comportamento sexual dos seres terrenos, concluindo-se que dinheiro e sexo recordam solos de areia movediça, aos quais os tentadores podem induzir seres incautos, quando permanecem no campo das indecisões.

A *tribulação* admitida no domínio das forças sexuais respalda-se na desestruturação da família, para o que concorrem inúmeros fatores, entre os quais, a imprensa, o cinema, a televisão, a *internet* e o falso conceito de liberdade de sexo, além do materialismo absoluto, enquanto o homem ainda a compreenda por desastres sísmicos, atmosféricos ou epidêmicos.

Os desvios anotados no terreno do sexo em eras anteriores, comparados aos de hoje, devem ser admitidos por arremedo, ainda assim acompanhados de significativas correções conhecidas na saga de Sodoma, Gomorra, Herculano e Pompeia.

As forças da libido não podem ser ignoradas ou reprimidas, sob pretexto de constituírem fruto proibido, devendo-se admitir, sem abono aos desvios oriundos do mau uso, a inconveniência do celibato eclesiástico ou dos votos monásticos, com repressão às energias que determinam a vida orgânica na Terra.

Considere-se que os que se fazem eunucos, por amor ao Reino de Deus (*Mateus*, 19:12), ainda constituem exceções, enquanto seres em processo de evolução definem o equilíbrio, no campo das emoções próprias, amparando-se no cônjuge, com o qual organiza a família, sagrada célula no processo da evolução do Espírito. Por isso, recomendava Paulo, é preferível casar-se do que viver abrasado (*I Coríntios*, 7:9).

O Espírito Lázaro[11] ensina que o homem, em sua origem, só possui instintos, registrando sensações no estado mais desenvolvido da atualidade, para anotar, depois de depurado, os sentimentos do amor, síntese de todas as aspirações dos seres, no roteiro de sua evolução, acrescentando que os instintos, inatos nos seres menos adiantados, compreendem a germinação ou os embriões dos futuros sentimentos.

O conceito atual de liberdade sexual, relaxando os laços do compromisso a dois, destrói a família e o berço, dois fatores de evolução que não podem ser desprezados sem consequências imprevisíveis a serem refletidas na desorganização da sociedade.

O comportamento sexual tem de ser examinado sob o código do respeito e da responsabilidade que a união de dois seres enseja, a fim de que sua força não se desvie às veredas da prostituição.

Quando se despreza o leme do respeito, no barco da vida terrena, as forças da libido assumem foros de vulgaridade, denunciando singular desinteresse à educação dos descendentes, em que pesem os presentes com que se procura resgatar o desapreço à família.

O equilíbrio da criatura no domínio das forças sexuais fala de sua evolução moral e da qualidade de suas companhias espirituais.

Nas cidades de Sodoma e Pompeia, enquanto milhares de corpos se rendem ao imperativo das chamas, a dor coletiva mobiliza o processo da evolução moral em que as superiores diretrizes espirituais se amparam no propósito de se cortar o mal pela raiz.

Em idênticas condições, o atual quadro social que o céu conhece determinará, com certeza, o futuro quadro de sofrimento individual ou coletivo, emprestando leme e bússola ao barco da evolução moral, atualmente à matroca, no grande oceano revolto que as imperfeições morais recordam, considerando que as Leis Divinas não se fraudam sem o imperativo da correção.

---

[11] *O Evangelho segundo o Espiritismo*, cap. XI, item 8 — "A lei de amor".

O adjetivo tabu, atribuído aos elevados princípios do respeito e da continência, deixa o barco da existência sem leme e sem bússola, alargando os horizontes da liberdade no domínio do sexo sem censura, dando origem à insegurança anotada no terreno do consórcio ou do compromisso anteriormente assumido pelos nubentes.

A ausência do cônjuge importa na desarmonia das forças da libido, promove continuada aventura no terreno do sexo, denunciando, na maioria dos seres, aura de forças sexuais desequilibradas, num convite permanente ao consórcio espiritual conhecido por vampirismo.

Aos fatores que concorrem para desestruturar a família, devem ser adicionados a ausência de censura e o falso direito que os seres admitem possuir, olvidando que o direito legítimo tem por base o dever cumprido. Direito e liberdade devem, por isso, guardar proporção ao progresso moral do homem ou, na sua ausência, acompanhados da censura a ser imposta por lei.

A abreviação daqueles dias pode compreender a intensidade que Jesus atribui às atuais ocorrências, ou reconhecer o equívoco na contagem do tempo, tomando por base a diferença de cinco anos na data de seu nascimento, o que se considera *improvável* se a grande tribulação for admitida por fatores sísmicos ou cósmicos, porque compreenderia alteração do tempo medido pelos movimentos de rotação e translação do orbe terreno.

A presença do verbo "antecipar" pode ser admitida por cultura, equívoco de tradução ou porque, no pretérito, o termo traduzia sentido diferente.

Visando, pois, emprestar à oração maior coerência, sugere-se que o verbo "antecipar" seja substituído por cercear, interromper ou por termo que encerre idêntico sentido, considerando que as diretrizes espirituais, antecipadamente conhecidas por Jesus, não permitem alterações.

O continuado comportamento humano, no terreno da liberdade sexual, abonado por comunidades terrenas, já constitui jurisprudência em que o direito terreno se apoia, em defesa às criaturas humanas que se distanciam, acentuadamente, dos elevados ditames do decoro e da evolução moral.

Ainda que adquirindo foros de legitimidade neste mundo, a Justiça celeste anota o atual comportamento dos seres terrenos por *grande tribulação*, por comprometer o equilíbrio emocional, a paz e o progresso espiritual, que descansa no alicerce da família.

Resta aos Espíritos moralmente superiores — os bem-aventurados que sofrem perseguição por amor à justiça — a certeza de que toda árvore que o Pai celestial não plantou será arrancada e lançada ao fogo, além de admitir por cego conduzindo outro cego, os seres que, por seu comportamento, elegem por destino o fosso das experiências reparadoras.

# *Segunda Parte*

# 31

# *Divino Embaixador*

*"Bendito o que vem em nome do Senhor! Hosana ao Filho de Davi!"*

(Mateus, 21:9 e Salmos, 118:26.)

O texto evangélico, escrito também por Davi, dez séculos antes, anota a presença do Senhor à face da Terra, comprovando a existência de um governo espiritual que, de planos superiores, a tudo preside com antecedência de milênios.

As exclamações de júbilo, atribuindo-lhe a condição do Grande Esperado, contrariam as autoridades religiosas que lhe pedem para repreender a multidão, dele ouvindo as seguintes palavras: "*Asseguro-vos que, se o povo se calar, as próprias pedras clamarão*". (*Lucas*, 19:38 a 40.)

O termo "pedra", neste caso, constitui referência aos Espíritos, cujos corpos jazem sob lápides e que, mediunicamente, se pronunciariam se as crianças se calassem.

Cavalgando modesto animal de serviço, na curta viagem que o conduz a Jerusalém, com destino à via crucial, Jesus consagra expressiva lição de paz, trabalho e serenidade — fundamentos da vida e do progresso — num contraste às ruidosas demonstrações de poder e força com que os príncipes da Terra se destacam, cavalgando animais de raça, onde demonstram prepotência, escravidão e morte.

Admitido por Mensageiro divino, o povo de Jerusalém empresta-lhe jubilosa recepção que, com significativa humildade, recebe por simples capítulo na senda que o conduz ao Calvário, onde parte da multidão que lhe prestava boas-vindas, a soldo de Anás e Caifás, estaria, depois, propondo sua condenação, com liberdade a Dimas, além de invocar seu sangue para os filhos, julgando, com isso, tributar culto a Deus (*João*, 16:2).

Convém lembrar que, na primeira vez que pretenderam proclamá-lo rei, Jesus retirou-se sozinho para o monte (*João*, 6:15), considerando não ser a hora do testemunho que admite também por glorificação (*João*, 12:16).

Participando do processo que o sentencia à morte na cruz, a nação judaica converte-se em escrava da Justiça Divina, invocando pesado fardo de sofrimento, do qual iria libertar-se no curso de vinte séculos.

Oportuno, pois, recordar as palavras que pronuncia à entrada da cidade, conhecendo o drama do Calvário que o aguarda: "*Jerusalém, Jerusalém, que matas os profetas e apedrejas os que te foram enviados! Quantas vezes quis reunir os teus filhos... e não o quisestes! Declaro-vos, desde agora, que a vossa casa ficará desolada, e não me vereis, até que venhais a dizer: Bendito o que vem em nome do Senhor!*". (*Mateus*, 23:37 a 39.)

Se, aguardando outro messias, o povo denuncia não haver reconhecido o Cristo por Celeste Embaixador ou por "bendito", conclui-se que, apesar da aparente liberdade de que desfruta, o regime da desolação ainda não deve ter sido totalmente afastado do quadro evolutivo da nação.

Enquanto o oráculo de Miqueias assegurava que Belém deveria constituir-se de berço àquele que reinaria (espiritualmente) em Israel, o *Salmo* 110:1, equivocadamente interpretado, atribuía a Davi a condição de ascendente do Cristo,[12] no que o povo se respalda para admitir sua condição de escolhido; deve-se convir ainda que, pela recepção que lhe empresta, admitia a autoridade de Jesus, considerando as obras que lhe consagram judicioso testemunho (*João*, 11:47 e 48). No entanto, apoiando demonstrações de orgulho das autoridades religiosas, representadas por Anás e

---

[12] Lição 46 deste livro.

Caifás, depois de recebê-lo na condição de Mensageiro de Deus, emprestam apoio ao processo que o conduz ao Calvário.

Distintas mensagens podem ser extraídas da narração: Ingressando à cidade sob o dorso do jumentinho, o Senhor institui lição de humildade tão significativa que, na ocasião, nem os apóstolos compreenderam (*João*, 12:16), enquanto a calorosa recepção, anterior à influência dos sacerdotes, confirma sua condição de hóspede, longamente esperado, recebido festivamente na cidadela íntima de corações humildes que, à semelhança de Zaqueu e dos samaritanos, se rejubilam por hospedá-lo. Eis por que, considerado Salvador dos humildes, exclama: "*Graças te dou, ó Pai, Senhor do céu e da Terra, porque ocultastes estas coisas aos sábios e instruídos e as revelaste aos pequeninos*". (*Mateus*, 11:25.)

# 32

# *Crucificação*

*"Traspassam-lhe as mãos e os pés."*
(João, 19:37 e Salmos, 22:16.)

Sem desprezar significativas considerações sobre a impossibilidade de um corpo sustentar-se na cruz, exclusivamente sob pregos, há de se admitir que, as conhecidas esculturas do Cristo crucificado, instituídas pela Igreja depois de 1870,[13] tenham sido inspiradas no presente salmo. Emmanuel refere-se à escultura, dizendo: "A Igreja, que nunca se lembrara de dar um título real à figura do Cristo, vendo desmoronarem-se os tronos do absolutismo com as vitórias da República e do Direito, construiu a imagem do Cristo-Rei para o cume de seus altares".[14]

Pregado à cruz, no meio de dois ladrões, as autoridades religiosas mosaicas impunham não só a morte, mas extenso processo de humilhação ao Cristo, sob o libelo de dizer-se Filho de Deus. Disputando primazias e louvores e inquietando-se por conservar o título de intérpretes da Lei, não conseguem entender que apenas se destacam por instrumentos voluntários ao cumprimento de decisões espirituais.

Deve-se admitir que o episódio do Calvário não ocorre ao sabor do acaso, nem se define apenas por arbitrariedade de Anás e Caifás, porque anotado por Jesus, na sede espiritual de seu

[13] Ano que assinala a declaração da infalibilidade papal (Pio IX).
[14] *A caminho da Luz*, cap. 23, parágrafo final.

governo, com significativa antecedência, visando entregar aos seres terrenos a mensagem universal de justiça, renúncia e paz.

No Calvário, o Senhor possui por única companhia o bom ladrão, a quem faculta compreensivas esperanças, como a esclarecer que, em qualquer situação, ainda que pregado à cruz, o homem dispõe sempre de recursos para auxiliar o semelhante, além de ensinar que, apesar dos esforços que mobilizara na edificação de um reino coletivo de paz, esse nobre reinado somente é conquistado, individualmente, pelos seres que demonstram manifesto esforço por alcançá-lo.

A estátua do corpo de Jesus, com pés e mãos afixados à cruz, configura o estado a que sua doutrina fora reduzida, imobilizada no contexto das convenções religiosas. A alma ou o conteúdo com que o Cristianismo, inicialmente, se destacou, resistiu à crucificação e animou as atividades apostólicas, por cerca de três séculos, do que se ausentou depois do consórcio imposto pelo Estado.

Ratificando o dogma do sono eterno, essa estátua ainda empresta soberano culto à morte, contemplada também por fariseus e sacerdotes que, defendendo o seu império, determinam a guarda do sepulcro, depois de selarem a pedra que, providencialmente, veio a ser removida e emprestou ao túmulo vazio vitória da vida sobre a morte, até agora tão cultuada por religiões clássicas; não obstante, temos as palavras dos anjos a Madalena e a Joana, ao visitarem o sepulcro do Cristo no domingo de Páscoa: "*Por que buscais entre os mortos ao que vive? Ide, pois, e dizei aos seus discípulos que Ele vai adiante de vós à Galileia, onde o vereis*". (*Lucas*, 24:5 a 10.)

# 33

# *Fundamentos do Cristianismo*

*"Preservam-me todos os ossos. Nenhum deles sequer será quebrado."*

(João, 19:33 e Salmos, 34:20.)

Reconhecido nas mãos de Jesus o leme que orienta a vida das comunidades planetárias,[15] devem ser considerados, no drama do Calvário, os limites que definem as ocorrências relacionadas à sua crucificação, divisa que o homem não poderia transpor, ainda que apoiado na autoridade que os títulos e as convenções, transitoriamente, lhe atribuem. Importa, pois, admitir por maquiavélicos os produtores das cenas de extrema violência, sobre o Calvário, expostas em filmes e documentários de última geração.

No arcabouço, os braços compreendem trabalho, enquanto as pernas sugerem locomoção e apoio. Admitindo a imortalidade do espírito, a vida organizada noutra dimensão, a reencarnação, o processo de evolução intelectual e moral, a Justiça Divina e a faculdade mediúnica por estrutura do Cristianismo, compreende-se por que nenhum de seus ossos poderia ser quebrado.

Se os fundamentos do Cristianismo e do futuro Consolador deveriam ser preservados, outra seria a decisão de Anás e Caifás (*Mateus*, 26:3 e 4), inicialmente manifesta na crucificação do Cristo e depois na perseguição aos apóstolos. A implantação de sacramentos e dogmas, depois do consórcio que o Estado impõe ao Cristianismo, mudando sua imagem e finalidade, vem

[15] *A caminho da Luz*, cap. I.

emprestar-lhe estranha estrutura, contrária aos princípios impostos pela Justiça Divina, que se respalda nas virtudes, nas obras e nas aquisições morais de cada ser.

A humildade com que Jesus surge na manjedoura, as lições do sermão da montanha, a Justiça Divina ensinada a Pedro quando fere a orelha do soldado Malco e a imortalidade manifesta na "ressurreição" compreendem a estrutura que, se não demolida, permaneceria oculta sob a vegetação de interesses do império terreno, expondo ainda um corpo ferido, em que o povo prefere recordar o Cristo, na condição de vencido e imobilizado à cruz.

## 34

# *Túnica do Cristo*

*"Repartem entre si minhas vestes e sobre minha túnica deitam sortes."*

(Mateus, 27:35 e Salmos, 22:18.)

Diante da cruz, soldados dividem valores de menor valia, deitando sortes sobre a túnica de Jesus, com manifesto desapreço às riquezas imperecíveis do espírito, copiando exemplos de soldados de todos os tempos que saqueiam cadáveres, furtando-lhes, sem qualquer escrúpulo, os bens, as armas e o próprio uniforme, como se atendessem às leis de Moisés, sobre a repartição dos despojos. (*Números*, 31:25 a 30.)

Identificando condicionamento exclusivo à limitada vida orgânica e negando a eternidade do espírito, a teologia clássica estacionou em valores simbólicos, configurados por religião, quer reverenciando a estátua do Cristo crucificado, quer investigando a veracidade do santo sudário ou pesquisando o paradeiro do Santo Graal — cálice que admite usado pelo Senhor na última ceia que, sem qualquer prejuízo, deveria constituir-se de cerâmica.

Que se recorde da arca de Noé, de 12 mil anos, que, traduzindo recursos sugeridos pela Espiritualidade, na defesa de uma coletividade, deve agora ser configurada no Evangelho, única barca de salvação moral no momento de transição ao grande julgamento. Discute-se igualmente o desaparecimento da arca da aliança, coberta de ouro puro, construída por orientação de Moisés com a finalidade de proteger as tábuas da Lei (*Deuteronômio*, 31:26 e *I Reis*, 8:9), olvidando que a preocupação do homem, no terreno da religião, deve consistir do conteúdo das tábuas da Lei e não do ouro que recobre a arca (*Mateus*, 23:16 e 17).

A preferência que se atribui aos valores simbólicos denuncia sempre a ausência de maturidade e compreensão espiritual, à semelhança dos soldados que, depois da morte do Senhor, deitam sortes sobre o seu manto.

Se alguém possuía direitos sobre a túnica de Jesus, seria Maria, sua mãe, e os apóstolos que mais de perto o seguiram. Para estes, porém, a maior herança ou o maior tesouro que, com inusitado interesse, buscaram assegurar traduzia-se no Evangelho que procuraram guardar na memória e, mais tarde, nos pergaminhos.

Se a indumentária no mundo físico recorda o poder aquisitivo das criaturas, não se pode olvidar que o corpo físico compreende, simbolicamente, a túnica com que os Espíritos aparecem na viagem a este plano. Compreendendo que, em outra dimensão, o perispírito como roupa do espírito identifica sua evolução moral, torna-se imperioso lembrar a luz com que Jesus se transfigura diante dos apóstolos, quando seu rosto resplandece como o Sol e suas vestes se tornam brancas como a luz (*Mateus*, 17:2).

Recordando, finalmente, o opróbrio que se atribuía aos reis vencidos, de quem se usurpavam o cetro e a vida, simbolicamente, o manto do Cristo, poupado sem qualquer dano, pode compreender seu reinado espiritual eterno ou sua autoridade que, apesar da intenção das autoridades religiosas do Judaísmo, não seriam destruídos a despeito de sua crucificação.

# 35

# *Judas*

*"Até o amigo que comia do meu pão levantou contra mim o calcanhar."*

(João, 13:18 e Salmos, 41:9.)

O presente texto, fazendo alusão a Judas, denuncia o escolho da maledicência no seio das comunidades terrenas alcançando, por vezes, o campo da religião, onde portas deveriam se abrir exclusivamente aos melhores anseios do espírito imortal.

Embora configurados no quadro da patologia espiritual, habilmente evitam a transparência dos traços de inferioridade que possuem. No entanto, compreendem-se candidatos permanentes a quaisquer promoções, sejam na política, no trabalho, no comércio, nos templos, nas escolas e até nos esportes, com o que transformam a vida em desonesta competição. Respaldados numa aparente humildade e nas boas maneiras adrede estudadas, asseguram a confiança irrestrita dos que os cercam, mediante estudados elogios, no que definem continuadas gratificações.

Podem ser conhecidos como Judas, no apostolado de Jesus; Brutus, no reinado de Júlio César; Joaquim Silvério dos Reis, na Inconfidência Mineira; ou delator, nos tribunais do Santo Ofício. Escravos de interesses subalternos, manifestam grande habilidade para elaborar investigações doentias, desabonando a imagem dos próprios amigos, por ambição aos quadros efêmeros da vida física, traduzidos por reinado de César ou pelo simbólico prato de lentilhas.

Se pequeno é o número de pessoas que não se deixam dominar pela influência desses seres, deve-se admitir, igualmente, a reduzida parcela de criaturas que não se deixam vencer por bom incenso.

Oportuno conhecer outra citação a respeito de Judas:

"*O Filho vai, como está escrito a seu respeito, mas ai daquele por intermédio de quem está sendo traído! Então Judas perguntou-lhe: Acaso sou eu, Mestre? Respondeu-lhe Jesus: Tu o disseste*". (*Mateus*, 26:24 e 25.)

Recorde-se ainda o que o Senhor disse aos apóstolos, por identificar o que o havia de entregar: "*Não vos escolhi eu em número de doze? Contudo, um de vós é diabo*". (*João*, 6:70.) Na última ceia com os discípulos, mostrando tudo saber, embora afastado de qualquer insinuação de censura, o Cristo identifica o que, na mesma noite, o haveria de trair, dizendo: "*Em verdade vos digo que um dentre vós, o que mete comigo a mão no prato, esse me trairá*". (*Mateus*, 26:21 e 23.)

Compreenda-se, pois, que os maiores inimigos da Codificação não constituem os adeptos de seguimentos estranhos, mas os que se alimentam do pão que a Doutrina simboliza de olho no prato dos interesses farisaicos. Tais seres podem facilmente ser identificados na disputa permanente aos louvores sociais, ferindo, a exemplo de Judas, a imagem de companheiros da mesma seara, até que amargas experiências, colhidas no terreno de continuadas desilusões, ensinem que o reinado de César compreende apenas imitação burlesca do reinado celeste.

Importante atribuir às trinta moedas — emblema do poder terreno que separa o homem do Cristo — o imperativo de serem devolvidas (afastadas da pauta das reencarnações), entregando-as aos sacerdotes ou aos seres moralmente inferiores para que adquiram o campo de sangue — as várias encarnações — em que darão sepultura aos cadáveres de suas iniquidades.

Recorde-se ainda que, se o Cristianismo resistiu à crucificação de Jesus, conservando por três séculos sua pureza, ao preço das perseguições impostas aos missionários, sucumbiu, mais tarde, ao imperativo da vaidade e da ambição de falsos seareiros que, sem convite, comparecem à lavoura da religião em busca do soldo e das promoções que os seres terrenos ainda lhes conferem.

# 36

# *Fel e vinagre*

*"Por alimento me deram fel e na minha sede me deram a beber vinagre."*

(João, 19:28 e Salmos, 69:21.)

A fome e a sede de Jesus podem ser traduzidas por elevados anseios de justiça e compreensão a serem demonstrados pelas criaturas humanas no capítulo de sua evolução moral. Oportuno conhecer outra referência sobre o seu alimento: "*Minha comida consiste em fazer a vontade daquele que me enviou e realizar sua obra*". (*João*, 4:34.)

No entanto, o Cristo, que multiplicou pães e peixes, matando a fome a milhares de seres, não podia agasalhar a esperança de ser compreendido, experimentando a fome ou o jejum espiritual pela impossibilidade de fazer germinar, no solo árido e pedregoso dos corações humanos, as sementes do amor, da justiça e da verdade, ali lançadas à guisa de semeadura.

Noutra versão, se o alimento espiritual consiste na empatia e nas vibrações amigas que recolhe entre os seres que respiram na mesma frequência moral e evolutiva, em que situa a fonte de sua alegria, pode-se compreender o jejum que o Cristo anota, conhecendo a significativa inferioridade dos espíritos que adota por descentes nos caminhos sinuosos da evolução espiritual.

Pertence à imensa família do orgulho, vulgarmente conhecida por ingratidão, a faculdade de o homem relegar, ao domínio do esquecimento, o bem que recebe ou o mal que faz. No entanto, alimentado pela vaidade, não se permite esquecer o bem que faz ou o mal que recebe. Por isso, a profecia de Daniel, com seis séculos de antecedência, já informava que nenhuma voz amiga, no dia do Calvário, se levantaria em defesa do Grande Ungido (*Daniel*, 9:26), apesar das significativas obras de amor que destacaram sua presença na Terra.

Deve-se admitir que toda expressão de gratidão, para o orgulhoso, significa manifesto reconhecimento de inferioridade. As autoridades religiosas sentiam-se diminuídas, no quadro fugitivo das apreciações levianas do plano terreno, por considerarem as extraordinárias obras que lhe conferiam pleno testemunho.

Se o homem de bem, no dizer do Cristo, retira boas coisas do tesouro do coração, facilmente pode-se medir, na escala das conquistas morais, o degrau inferior em que estagiam os seres que, do alforje do coração, ainda retiram fel e vinagre.

Considerando, pois, a inferioridade das criaturas terrenas, os homens de bem e os missionários que procedem de planos superiores sabem que não devem esperar qualquer demonstração de justiça ou de reconhecimento, senão o fel da ingratidão e o vinagre do desprezo que o Mestre e seus apóstolos experimentaram sem revolta, considerando que os seres da Terra, desprezando a humildade, ainda confundida por pobreza, e negando a moral por caminho único da paz, ainda conferem exclusiva preferência ao alimento físico.

Bem-aventurado, pois, aquele cuja fome constitui-se, igualmente, dos nobres anseios de Justiça Divina.

# 37

## *Armas da ironia*

*"Confiou em Deus, pois que venha livrá-lo, se de fato lhe quer bem."*

(Mateus, 27:43 e Salmos, 22:8.)

Diante da cruz, os principais sacerdotes, com os escribas e anciãos, escarnecem de Jesus, dizendo: "*Confiou em Deus, pois que venha livrá-lo agora, se de fato lhe quer bem; porque disse: Sou Filho de Deus*".

Tomando por insaciáveis os subalternos sentimentos de inveja e despeito, e incomodados diante da serena postura que sua autoridade lhe atribui, embora o Cristo já estivesse sobre a cruz, as autoridades religiosas, na sua prepotência, recorrem às armas da ironia e do sarcasmo.

Se, com expressivos recursos de sua autoridade, fez soldados caírem por terra no ato da prisão (*João*, 18:6), poderia também imobilizá-los, descer da cruz, conforme, ironicamente, lhe propunham, ou simplesmente deixar de ir ao encontro de Judas que sabia estar no seu encalço.

Importante lembrar a façanha do profeta Eliseu que, mobilizando recursos de sua mediunidade, vence o exército inimigo sem se ausentar de casa (*II Reis*, 6:16 a 23). Igualmente, Moisés manda descer fogo do céu sobre seres que admite por insubmissos (*Números*, 16:35; *Levítico*, 10:2). Essa cultura, que ainda orienta o relacionamento humano, foi admitida por Moisés na lei do olho por olho, que o Mestre veio modificar dizendo: a qualquer que te ferir uma face, volta-lhe a outra (*Mateus*, 5:39).

Considere-se, ainda, que o Senhor não veio ao mundo fazer demonstrações hilariantes de glória ou de poder, próprias das criaturas terrenas, preferindo o silêncio que guardou diante dos que o ironizavam.

O título de escolhidos, ainda que seus monumentos lhes atribuam significativas qualidades intelectuais, não se respalda em méritos espirituais. Recordando promessa do Cristo aos espíritos migrados da Capela, sua presença física, por eles longamente esperada, denuncia não só o significativo orgulho que deu origem ao degredo — implícito no apoio que emprestam ao processo de crucificação — como também o imperativo de renovação moral íntima, que mais facilmente se alcança com a bússola do Evangelho.

Os seres terrenos ainda admitem o sofrimento do Cristo na dor dos pregos ou na cruz, cujo peso divide com o cireneu. Todavia, deve-se ponderar a dor moral configurada na coroa de espinhos, no caniço que à guisa de cetro lhe colocaram à mão, no manto escarlate com que o escarneceram antes de crucificado ou na ironia dos sacerdotes, depois de erguido à cruz.

Convém esclarecer, ainda, que a dor mais significativa, pela qual chora à entrada de Jerusalém, consiste na cegueira espiritual que ocultava a seus habitantes o extenso quadro de sofrimento que a Lei Divina anotava, por seu comportamento, para futuro resgate. Eis por que exclama: "*Ah! Se conheceras ainda agora o que é devido à paz!*". (*Lucas*, 19:42.)

Afastado do quadro das lágrimas do medo, Jesus dá pleno testemunho das lições consignadas no Evangelho. Podendo descer da cruz, prefere o silêncio, bebendo até o fim o cálice que Deus lhe confiou. O Pai celestial poderia enviar-lhe doze legiões de anjos para defendê-lo, como diz a Pedro. No entanto, como se cumpririam as escrituras que recordam as superiores decisões por Ele mesmo tomadas em pretérito distante? (*Mateus*, 26:53 e 54.)

# 38

# *Bom ladrão*

*"Deus meu, Deus meu, por que me desamparaste?"*
(Mateus, 27:46 e Salmos, 22:1.)

Autores de reconhecida idoneidade asseguram que a exclamação deve ser atribuída ao bom ladrão, ao perceber a morte do Cristo que, minutos antes, lhe abonara esperanças de conhecer o paraíso, o que comprova o seguinte versículo: Nossos pais confiaram em ti e os livraste. Mas eu sou um verme, o opróbrio dos homens, desprezado do povo (*Salmos*, 22:4 e 6).

Dimas duvidava de qualquer expressão de misericórdia por se considerar um verme desprezado por todos. Ao contrário de seu companheiro de infortúnio que, diante da morte, não ocultava expressivas manifestações de ódio e revolta, o bom ladrão se reveste de humildade e arrependimento, conquistando a promessa da assistência que iria encontrar ao adentrar o mundo espiritual com a morte do corpo físico.

É bom lembrar que a imortalidade e o conceito de vida organizada no plano espiritual, com imensa escala evolutiva, constituem cultura espírita, mais divulgada no século XX. Paraíso, à semelhança do que ensinam as doutrinas tradicionais, compreendia um único termo a definir os diversos estados felizes, assim como a palavra inferno traduzia as diversas condições de sofrimento.

A promessa de Jesus não compreende perdão gratuito nem esponja milagrosa destinada a apagar faltas do quadro da consciência, mas elevado gesto de estímulo, num convite ao esforço de renovação íntima que Dimas empreendia na senda evolutiva.

Três Espíritos, representados no mesmo quadro, revelam distintos estados evolutivos e, por isso, diferentes destinos. O Cristo que, segundo Emmanuel, responde pela evolução dos seres que habitam o sistema solar que criou e dirige. O mau ladrão que não esconde a revolta íntima que, na Terra ou na Espiritualidade, retarda qualquer proposta de atendimento, enquanto Dimas, admitindo sem revolta as defecções próprias, enquadra-se à proteção divina, iniciada por Jesus no Calvário, ao infundir-lhe sentimentos de resignação e de humildade.

Ao contrário do que propõe a filosofia religiosa tradicional, mostrando Jesus submisso ao império terreno, o Calvário constitui uma das mais expressivas lições que só Ele poderia emprestar aos seres deste mundo.

Deve-se convir, finalmente, que a súplica de Dimas, porque anotada com dez séculos de antecedência, denuncia a paranormalidade de Davi.

## 39

# *Sentença*

*"Apartai-vos de mim, vós que praticais a iniquidade."*
(LUCAS, 13:27 e SALMOS, 6:8.)

Enquanto uma parcela do rebanho simbólico do Cristo se constitui de Espíritos mais primitivos, de origem terrena, outra parte vem a ser formada pela raça adâmica, migrada do sistema do Cocheiro, há cerca de trinta milênios, compreendendo ambas a grande família de Espíritos matriculados na Terra que, embora contemplada pela direção amorosa de Jesus, uma porcentagem não definiu, até agora, os caminhos da evolução moral.

Em que pesem a orientação instituída pelo Evangelho — código universal de todos os seres — e as elevadas lições consignadas nos exemplos do Senhor, o Cristianismo, depois de adquirir foros de Estado e abraçando tradições e dogmas, acabou imobilizado na estátua que o recorda submisso ao império deste mundo.

Sufocada pela vegetação de interesses terrenos que não reclama esforço algum de renovação íntima, a religião do Cristo veio a se confundir com o império de César.

Condicionados à vida orgânica, a que emprestam exclusiva credibilidade, os seres terrenos continuam procurando sinais de vida na imensidão cósmica, ignorando lições de imortalidade consignadas a Nicodemos, na lição do renascer de novo, na referência de Jesus sobre o retorno de Elias ou ainda na visão mediúnica dos apóstolos.

O imperativo do verbo apartar tem por base o estado em que os seres se comprazem, divorciados de fato da orientação imposta pelo Evangelho, por consorciados com os interesses imediatos da vida física.

O desinteresse pela evolução moral do espírito, cuja imortalidade os seres se recusam aceitar, compreende fator de desequilíbrio no quadro econômico-social terreno, sendo justo que, depois de considerados séculos de teimosia, sejam afastados do planeta num processo de saneamento ou de seleção de valores, à semelhança do que se verificou com os Espíritos migrados da Capela.[16]

As criaturas que praticam a iniquidade, olvidando superiores orientações do Cristo, esquecendo o respeito e os direitos a que o próximo faz jus, ainda que alegando a condição de discípulos, deverão ouvir na consciência a voz da Justiça Divina — afastai-vos de mim — curvando-se ao imperativo da grande viagem a plano estranho à Terra, no encalço da redenção aqui negligenciada, naturalmente sob a orientação de outros diretores planetários.

---

[16] *A caminho da Luz* — FEB.

# 40

# *Louvor perfeito*

*"Da boca de pequeninos tirastes perfeito louvor."*
(Mateus, 21:16 e Salmos, 8:2.)

Ouvindo os meninos clamando Hosana ao filho de Davi e indignados pelas obras que Jesus mostrava, os sacerdotes e os escribas perguntaram-lhe: Ouves o que estão dizendo? Respondeu-lhes o Mestre: Nunca lestes que da boca de pequeninos e crianças tirastes perfeito louvor?

O menino recorda o processo de reencarnação, cuja finalidade, com a terapia do esquecimento, consiste na reciclagem dos valores, a ser mobilizada nos primeiros anos da existência. Imperioso lembrar que a sementeira de novos valores, no Espírito da criança, repousa principalmente no alicerce da obediência e do respeito a ser edificado pelos pais, nos primeiros sete anos. Os tutores prudentes, que objetivam o êxito dos filhos, sem esquecer o imperativo do amor, com a habilidade do pomicultor experiente, devem podar os rebentos da inferioridade moral que se manifesta pela agressividade, desobediência ou rebeldia infantis, tarefa que justifica o esquecimento e a própria reencarnação.

A criança deve ser admitida por espírito adulto, cujo passado permanece sob o manto do esquecimento, envergando temporariamente a indumentária da inocência, não só pelo imperativo das células do corpo na sua formação, como também pela hipnose determinada no processo de redução do perispírito, a que se submete o espírito que volta ao mundo celular.

A despeito da personalidade que lhe caracteriza o pretérito, a criança revela, nos primeiros anos de vida, sentimentos de candura e pureza de coração, visando facilitar aos tutores a nobre tarefa de reeducação do ser imortal. Por isso é tomada por modelo de virtudes quando Jesus ensina que o Reino dos Céus é para os seres que se lhes assemelham.

Se o Cristo, pois, sofreu impiedoso ataque do convencionalismo pretensioso, facultado pelo orgulho das autoridades religiosas, foi alvo de espontâneas manifestações respaldadas nos sentimentos de pureza de coração, comuns nos seres infantis ou nos Espíritos que, por sua evolução espiritual, já se assemelham às crianças, a exemplo do cego de Siloé (*João*, 9:30 a 38) e do samaritano leproso que prostra-se com o rosto a seus pés (*Lucas*, 17:15 e 16), mostrando que o louvor perfeito pode advir da criança bem-educada ou do adulto, quando demonstra superioridade moral.

# 41

# *Ditosa morada*

*"Quem subirá ao monte do Senhor e quem há de ali permanecer?"*

(Salmos, 24:3.)

Subir ao monte do Senhor é expressão que destaca a evolução moral que se adquire na escala infinita do progresso, identificando, igualmente, o ingresso ao quadro dos bem-aventurados, a que se refere o sermão da montanha, enquanto o imperativo de "ali permanecer" distingue a condição de residente entre outros admitidos por simples visitantes. Convém esclarecer que as elevações ou os montes do Senhor compreendem as esferas onde se situam as superiores moradas que compreendem o Reino de Deus.

O capítulo das bem-aventuranças com que o Cristo assinala o início de suas atividades messiânicas indica os seres que, por suas aquisições morais, constituem o quadro de habitantes das moradas superiores e os respectivos meios para alcançá-las:

— os que choram, porque serão consolados;
— os perseguidos por causa da justiça, porque é deles o Reino dos Céus;
— os humildes de espírito, porque o Reino dos Céus lhes pertence;
— os pacificadores, porque serão chamados filhos de Deus;
— os mansos, porque herdarão a Terra;
— os que têm fome de justiça, porque serão fartos;
— os misericordiosos, porque obterão misericórdia; e
— os puros de coração, porque verão a Deus.

Por serem diversos os motivos que dão origem à lágrima, entende-se por que os homens classificados no primeiro item — os que choram — podem figurar em dois distintos quadros: missionários ou seres em regime de provas e expiações.

Jesus chorou diante do túmulo que acolhia o corpo de Lázaro, considerado morto; e à entrada de Jerusalém, por identificar o futuro quadro de lágrimas que esperava por seus habitantes.

Os humildes, os pacificadores, os mansos, os que têm fome de justiça, os misericordiosos e os de puro coração, pelas virtudes que demonstram possuir, recordam a classe dos missionários que, na Terra, conhecem o determinismo de serem excluídos dos favores de César, recolhendo, por companhia diuturna, incompreensão e desprezo, conformando-se com as migalhas que caem de mesas lautas e bebendo do cálice de Jesus.

As bem-aventuranças reservadas aos que figuram do quarto item — os que herdarão a Terra — conhecida pelo plano físico — somente serão alcançadas depois do processo seletivo a ser instituído aos seres terrenos, que decidirá a permanência dos futuros habitantes do planeta. Considerando, todavia, a existência de outra dimensão, que compreende o mundo dos Espíritos, os brandos podem viver nessa condição, recolhendo bem-aventuranças permanentes, naturalmente incompletas pela ausência dos seres afins que permanecem à retaguarda da senda evolutiva.

Quanto aos puros de coração, deve a pureza ser tomada em sentido relativo, porquanto, no sentido absoluto, somente o Cristo, o modelo máximo de evolução, pode ver o Pai, valendo conhecer as referências que faz à unidade que constitui com Deus, mesmo antes da formação do sistema solar a que ainda preside: "*Glorifica-me, ó Pai, com a glória que tenho junto de ti, antes que houvesse mundo*". (*João*, 17:5.)

Convém recordar em condições idênticas a comunidade de Espíritos puros, a que se refere Emmanuel,[17] "em cujas mãos se

---

[17] *A caminho da Luz*, cap. I.

conserva a direção da vida de todas as coletividades planetárias", traduzindo o mais destacado estado de evolução de que se tem notícia sobre o Espírito.

Se humildade, mansuetude e misericórdia são virtudes raras com que os missionários são reconhecidos, somente a pureza de coração faculta ao Espírito a propriedade de conhecer o Pai celestial.

# 42

## *Herdeiros da Terra*

> *"Os mansos herdarão a Terra e nela habitarão para sempre."*
>
> (Mateus, 5:5 e Salmos, 37:11 e 29.)

O pensamento da citação evangélica somente encontra embasamento judicioso se a vida for afastada dos domínios delineados pela existência terrena, admitida por estreito espaço de tempo contido entre os muros que encerram berço e túmulo, que pouco significa diante da eternidade.

Conjugando o verbo no futuro, assegura Jesus, no sermão da montanha, que os mansos herdarão a Terra, mostrando que, até agora, são os déspotas, os violentos e os belicosos que alargam seus domínios sobre o mundo, apropriando-se de suas riquezas e modificando-lhe os limites geográficos.

Importa dizer que são os vultos destacados nas vanguardas financeiras ou políticas que figuram do quadro das prerrogativas e das homenagens, embora desconsiderando, com frequência, os meios utilizados na aquisição da riqueza que avidamente armazenam, com prejuízo à coletividade.

Convém esclarecer que, salvo honrosas exceções, é nessa condição que o homem alarga a margem de suas imperfeições morais. Que se recordem os seres que se embriagam no transitório pedestal do poder, dilatando os limites do orgulho, da vaidade, da prepotência, do ócio e da mentira, além do sensualismo e dependências diversas que acabam por amolecer-lhes o caráter, com difícil acesso à reabilitação futura, sem mencionar os compromissos cármicos que adquirem.

Diante do imperativo da lei de evolução, o Espírito imperfeito, cuja consciência ainda anota o pesado aguilhão do remorso, é forçado a retornar ao palco das lides físicas, recapitulando, nas páginas de amargas experiências, capítulos de reparação, acompanhados das cinzas de complexos vários, como a revolta, a indolência, a queixa contumaz, a agressividade, além de possíveis manifestações obsessivas.

A prioridade que se atribui à vida corpórea, ainda que se respalde nas exigências orgânicas, recorda a ausência de conscientização sobre a vida espiritual, denunciando pouco apreço às palavras do Cristo, quando recomenda: buscai o Reino dos Céus e sua justiça e o resto vos será dado por acréscimo.

Habitar a Terra para sempre não significa viver eternamente no corpo físico, isento do processo de desencarnação, porque além das transformações biológicas que lembram infância e velhice, a reparação cármica e a terapêutica do esquecimento somente são alcançadas pelas portas a que a reencarnação conduz.

Pode-se, pois, concluir que herdar a Terra e nela habitar para sempre, em relativa paz, nas duas dimensões, somente será possível aos seres que, pelas aquisições morais alcançadas, nela permanecerão como Espíritos, após o processo seletivo a ser imposto pela lei de evolução, também conhecido por grande julgamento ou juízo final, assinalando o afastamento do ímpio que ainda impede a edificação do monumento que traduz fraternidade e paz na Terra.

# 43

# *Templos*

*"O zelo da tua casa me consumiu."*
(João, 2:17 e Salmos, 69:9.)

Entrando no templo, Jesus expulsou dali os que vendiam e compravam, dizendo aos cambistas: "*Não façais da casa de meu Pai casa de negócio. Não está escrito: minha casa será chamada casa de oração em todas as nações? Vós, porém, a tendes transformado em covil de salteadores*".

Por assegurar conscientização espiritual e reforma íntima, base plena da felicidade do homem, o Espírito Emmanuel traduz os valores religiosos por aquisições mais importantes do Espírito, considerando constituírem fator de iluminação definitiva da alma para Deus, razão da prioridade que Jesus atribuiu à religião. Esclarece ainda que o Senhor acompanha todos os seres na senda religiosa, em todos os tempos e nas diversas latitudes da Terra, recordando a história religiosa da China, da Pérsia, da Índia, do Egito e da Grécia, onde se fez presente por meio de seus emissários.

Deve-se admitir, no entanto, que o Senhor se refere à religião em suas origens, ponderando os estranhos conceitos que, no curso dos séculos, foram introduzidos no organismo da religião que, modificada em sua estrutura original, veio a ser reconhecida por dogmas e tradições ou pela magnitude dos templos.

O condicionamento é tão significativo que os próprios apóstolos, porque orientados de berço pela religião judaica, admirados, se aproximam do Mestre para lhe mostrar a imponência do templo de Jerusalém, ao que Ele lhes responde: "*Admirais tudo isso? Em verdade vos digo que não ficará aqui pedra sobre pedra que não seja derrubada*". (*Mateus*, 24:2.)

No judaísmo, as linhas arquitetônicas do templo de Salomão, as hierarquias do sacerdócio organizado, os paramentos, as cerimônias, o culto dos dias e dos lugares e as oferendas compreendem a árvore da religião mosaica, depois de doze séculos de sua implantação com o Decálogo, que acabou esquecido na arca da aliança.

Pela perseguição imposta aos missionários, o Cristianismo preservou o conteúdo do Evangelho, nos três primeiros séculos, mas não escapou às transformações impostas pelas autoridades religiosas a partir do consórcio imposto pelo Estado, já no quarto século.

Embora sabendo que, na tomada de Jerusalém, o formoso templo não escaparia à fúria destruidora imposta por soldados romanos, de cujas ruínas restariam apenas muros de lamentação, o Senhor ensina o respeito que se deve emprestar aos templos, mesmo admitindo que o espírito mais evoluído traduz, por templo, o próprio Universo.

Por isso, quando interrogado pela mulher de Samaria sobre o lugar de se orar, se no monte ou no templo, responde: "*Mulher, vem a hora, e já chegou, em que os verdadeiros adoradores hão de adorar o Pai em espírito e em verdade*". (*João*, 4:23.)

Ainda que emprestando respeito a todas as edificações físicas, como templos religiosos, a Doutrina Espírita destaca a importância que se deve atribuir à edificação íntima do homem, por tarefa principal, na conquista do reino eterno de Jesus.

O templo espírita, ensejando o culto à Doutrina do Cristo, deve ser interpretado por casa de oração, de estudo e de assistência, nunca transformado em clube, teatro ou covil de mercenários.

Compreendendo o imperativo de melhor conscientização, justifica-se a transcrição de parte do capítulo 45 do livro *Notícias do Reino*, do mesmo autor:

> Em que pese a presença do Cristo e de seus mensageiros, facultando aos homens expressiva conscientização religiosa, não se pode olvidar a influência contrária desenvolvida por organizações espirituais ou físicas compromissadas com a retaguarda, cujo

poder e alimento repousam na ignorância e nas imperfeições morais dos seres deste planeta, com o que facilmente impossibilitam a implantação do reinado de Jesus. Buscando manter a ignorância — base de seu reinado — introduziram no contexto do Cristianismo conceitos subjetivos, radicalmente afastados da moral e do pensamento do Cristo, falseando interpretações, proibindo livros e fiscalizando o livre raciocínio, procrastinando a paz na Terra por muitos séculos.

Se conhecer a verdade significa possuir liberdade, alimentar a ignorância é preservar o império da escravidão.

Na impossibilidade de se instituir hoje a antiga estratégia, valem-se de outros recursos, entre os quais a conhecida habilidade do "diabinho coxo", que consiste em alimentar discórdias ou infiltrar, habilmente, o fermento das doutrinas tradicionais no pão sem fermento (ázimo), de que se constitui a Doutrina Espírita.

A Codificação não está vacinada contra esse vírus, considerando que grande número de seareiros procedem das antigas lavouras, por isso suscetíveis dos equívocos outrora sustentados.

Se o templo constitui-se de casa de oração por todas as nações, não será justo introduzir nele atividades estranhas ao Evangelho e à oração, sua legítima finalidade.

Deve-se ponderar que os fins nem sempre justificam os meios utilizados na obtenção de recursos destinados às atividades de assistência social.

Recorde-se a lição de Jesus afirmando que onde estiver o cadáver ali estarão, igualmente, os abutres. Meios escusos, dentro ou fora dos templos, são sempre símbolos de alimento desses abutres.

Que os responsáveis pelo Movimento Espírita, a exemplo do Cristo, se deixem consumir de zelo à Casa Espírita, como lembra o *Salmo* 69, atribuído a Davi.

# 44

# *Homens e deuses*

*"Eu disse: Sois deuses; sois todos filhos do Altíssimo."*
(João, 10:34 e Salmos, 82:6.)

É razoável entender todos os seres por filhos de Deus, ou ainda considerá-los deuses, segundo definição do evangelista João e do salmista Asaf, considerando a partícula da divindade que guardam na condição de descendentes. No entanto, não se pode olvidar a infinita escala de evolução no exame dos valores de cada criatura. Enquanto há Espíritos estagiando experiências de primata, outros já alcançaram mundos celestes ou divinos, segundo a escala apresentada pelo Codificador.

Os judeus sabiam que as referências Filho de Deus, Filho Unigênito, ou Ungido de Deus, pertenciam ao Grande Esperado, ou ao Cristo, a que os profetas e os salmos faziam alusão. Exaltavam-se, pois, considerando blasfêmia, quando Jesus se declara Filho de Deus. Diante disso, o Cristo perguntou-lhes: Não está escrito na vossa lei: Eu disse: sois deuses? Se chamou de deuses àqueles a quem foi dirigida a palavra de Deus, por que considerais blasfêmia quando me declaro Filho de Deus?

Importante anotar o pensamento de Emmanuel, alusivo ao presente salmo:

> Em todo homem repousa a partícula da divindade do Cristo, com a qual pode a criatura terrestre participar dos poderes sagrados da criação.

O Espírito encarnado ainda não ponderou devidamente o conjunto de possibilidades divinas guardadas em suas mãos, dons sagrados tantas vezes convertidos em elementos de ruína e destruição.

Entretanto, os poucos que sabem crescer na sua divindade, pela exemplificação e pelo ensinamento, são cognominados na Terra santos e heróis, por afirmarem a sua condição espiritual, sendo justo que todas as criaturas procurem alcançar esses valores, desenvolvendo para o bem e para a luz a sua natureza divina.[18]

[18] *O Consolador*, de Emmanuel, questão 302.

# 45

# *Zelo dos anjos*

*"Porque aos seus anjos dará ordens a teu respeito."*
(Mateus, 4:6 e Salmos, 91:11.)

A presente citação constitui-se de palavras que o diabo, no pináculo do templo, teria dito a Jesus depois do jejum simbólico de quarenta dias e quarenta noites: "*Se és Filho de Deus, atira-te daqui abaixo, porque está escrito: Aos seus anjos ordenará a teu respeito para que te guardem; eles te sustentarão para que não tropeces nalguma pedra*". Diante de tais palavras, o Cristo respondeu: "*Também está escrito: Não tentarás o Senhor teu Deus*".

Se o diabo pode ser configurado por Espírito moralmente inferior, o mesmo não se pode dizer quanto à inteligência que demonstra possuir.

Tais criaturas não se definem por criação paralela à do homem, de acordo com a cultura alimentada no mundo das doutrinas tradicionais. São Espíritos comuns, filhos do mesmo Criador, apenas estacionados à margem de uma senda que compreende a evolução moral.

Seres temporariamente equivocados elegem um reinado próprio de ficção, mediante um poder arbitrário e prepotente, alheio à justiça e ao decoro.

Sabem que o retorno ao caminho do Mestre é inevitável, exigindo posterior resgate das faltas que assumiram no largo campo do falso poder e liberdade, razão de se demorarem no terreno da indecisão, sufocando a voz da consciência, até que, no curso do tempo, sejam vencidos pelo cansaço e pelo tédio.

Enquanto isso, dominados pelos sentimentos de revolta e de insubmissão, procuram atrair, para o seu domínio, seres incautos, encarnados ou não, que conquistam pelas vias da tentação, a que estão sujeitos apenas os que cultivam o joio das imperfeições morais, porque afinados na intimidade do coração com os Espíritos inferiores.

Não se deve estranhar, pois, que conheçam salmos e textos evangélicos e que identifiquem Jesus por Grande Esperado, o que os obsessores dos gadarenos também mostraram conhecer ao exclamarem: "*Por que te preocupas conosco antes do tempo, Jesus Filho do Deus Altíssimo?*". (*Mateus*, 8:29.)

Os sacerdotes, no entanto, denunciando maior extensão de inferioridade moral, exigem dele sinais no céu, enquanto anotavam, preocupados, as obras que o Cristo fazia, dizendo: "*Este homem opera muitos sinais. Se o deixarmos, todos crerão nele*". (*João*, 11:47 e 48.)

Esclarecendo aos apóstolos que, para se ingressar no Reino dos Céus, é necessário possuir justiça superior à dos escribas e dos fariseus, indiretamente, o Senhor assegura que os representantes religiosos não constariam desse reinado, em que seriam precedidos até pelas meretrizes.

Importa ainda fazer ligeira referência ao versículo 6: "*Não tentarás o Senhor vosso Deus*". Embora se admitindo o desvelo com que os anjos assistem todas as criaturas, deve-se ponderar a conscientização que o progresso moral implanta em cada consciência, com a qual se deve administrar o quadro de ações da própria vida, sem olvidar o imperativo da sentença: Ajuda-te e o Céu te ajudará.

## 46

# *Assento à direita*

*"Disse o Senhor ao meu Senhor: Assenta-te à minha direita, até que eu ponha teus inimigos debaixo de teus pés."*
(Salmos, 110:1.)

Fariseus e religiosos tradicionais, analisando equivocadamente o *Salmo* 110, anotado também por Mateus, atribuem a Davi a condição de ascendente do Cristo, por admitirem Jesus e Deus a mesma pessoa, engano que o Senhor procura corrigir com as seguinte palavras: "*Que pensais vós sobre a genealogia do Cristo? De quem é filho? De Davi, responderam eles. Retrucou-lhes Ele: Como pode ser seu filho se, no salmo, Davi o chama de Senhor?*". (*Mateus*, 22:42 a 44.)

Admitindo-se por equivocada a interpretação que se possui sobre o texto, convém emprestar-lhe a seguinte redação: Disse o Senhor Deus a Jesus, meu Senhor: Assenta-te...

A referência sobre a genealogia do Cristo, presente nos Evangelhos de *Mateus* e de *Lucas*, recordando talvez o condicionamento religioso dos tradutores, também sugere Davi por seu ascendente. No entanto, o Espírito Emmanuel assegura que a "genealogia de Jesus confunde-se com a poeira dos sóis que rolam na imensidão do universo".

O profeta Miqueias anota que a origem do Senhor compreende os dias da eternidade (*Miqueias*, 5:2), enquanto o *Salmo* 90 assegura que antes que houvesse mundo, de eternidade em eternidade, Ele é o Senhor, o que Jesus confirma, na oração sacerdotal, ao referir-se à glória que possui com o Pai, antes que houvesse mundo (*João*, 17:5). Deve-se, pois, inferir que o salmo de Davi teve por exclusiva finalidade localizar a presença do Mestre junto aos filhos de Israel, considerando ser esperado por outros povos da Antiguidade.

Assentar-se à direita de Deus, honra exclusiva atribuída ao Cristo, é demonstrar sua grandeza espiritual, que precede à fundação do sistema solar a que ainda preside.

Jesus também faz alusão aos profetas Abraão e Isaías, que viram a sua glória, pelo que muito se regozijaram (*João*, 8:56 e 12:41). Conhecer a glória do Cristo é configurar, igualmente, a própria evolução espiritual, admitindo-se por raros os seres que, na Terra, já alcançaram a subida honra de ver o Senhor.

Por inimigos do Mestre (e não de Davi), que ficariam sob seus pés, devem ser catalogados os seres ou organizações que laboram contrariamente aos ditames do Evangelho, implantando guerra, corrupção e fome, institucionalizando a mentira, a apropriação indébita e a dissolução dos valores morais ou ainda impondo distorcidas interpretações a textos evangélicos, com o que destroem o lar, a sociedade e o próprio homem, à semelhança do que ensina a mídia atual.

Colocá-los debaixo dos pés significa não lhes emprestar qualquer apreço, em que pese o elevado patamar econômico em que se situam ou os títulos que possuem, considerando o processo de saneamento a que, brevemente, a sociedade terrena será submetida, quando proscreverá do planeta os contumazes inimigos e perturbadores da paz e da felicidade humanas.

## 47

# *Pedra angular*

*"A pedra que os construtores rejeitaram veio a constituir-se de pedra angular."*

(Mateus, 21:42 e Salmos, 118:22.)

A evolução moral do homem deve compreender, simbolicamente, expressivo monumento a ser erguido, exigindo solidez à sua base, também conhecida por alicerce, para cujos ângulos selecionam-se os melhores blocos, conhecidos antigamente por pedras angulares ou de escanteio.

Na edificação moral-religiosa, a pedra angular recorda o Cristo ou o Evangelho na versão em que é divulgado pelo Espiritismo.

Deve-se atribuir aos profetas, discípulos e missionários o título de construtores convidados pelo Cristo, admitindo-se a presença de falsos construtores que, por não terem sido convidados, rejeitam a pedra fundamental, de que o Cristo se constitui por símbolo.

Tomando-se a educação moral íntima, respaldada na vivência do Evangelho, por estrutura do edifício da paz e da felicidade eternas, e observando a presença das imperfeições humanas que impedem ainda o estado de paz, conclui-se que os monumentos, até agora erguidos, confundem-se com mausoléus, que repousam sobre bases de areia movediça, ocultando corpos em decomposição das convenções humanas, condenadas ao descrédito, com a evolução científica e espiritual do homem.

Outras pedras que, antes de desgastadas pela erosão à que a ignorância humana conduziu, compreendem as doutrinas implantadas por profetas, entre os quais, Moisés, autor do decálogo, enquanto o Evangelho constitui-se de pedra de escanteio, rejeitada pelos pretensos construtores, representados por Anás e Caifás, que entregaram Jesus à crucificação, sob o libelo de chamar-se Filho de Deus.

Convém esclarecer finalmente que, na interpretação do presente texto, Evangelho e Jesus devem ser admitidos por sinônimos.

# 48

# *Criador de estrelas*

> *"Aquele que faz sair as estrelas, bem contadas chamando--as pelo seu nome."*
>
> (Isaías, 40:26 e Salmos, 147:4.)

Fazer sair estrelas significa criar os sóis que formam os sistemas planetários, as galáxias e o próprio Universo. Esse quadro não deve ser confundido com o das estrelas que diariamente reaparecem no firmamento à medida que o manto escuro da noite se estende sobre a Terra.

Revestem-se de significativa importância as informações contidas no salmo, anotadas também pelo profeta Isaías e confirmadas por Emmanuel, que atribui a Jesus a condição de criador do sistema planetário a que a Terra pertence, prerrogativa que exalta sua evolução, destacando-se dos habitantes da Terra, admitidos à segunda categoria de Espíritos, na escala ensinada por Kardec.

Convém conhecer alguns dos versículos escritos, mediunicamente, pelo evangelista João e pelo profeta Isaías a seu respeito:

"*Glorifica-me, agora, ó Pai, contigo mesmo, com a glória que tenho junto de ti, antes que houvesse mundo*". (*João*, 17:5.)

"*Em verdade vos digo que antes que Abraão fosse Eu sou*". (*João*, 8:58.)

"*Antes que houvesse dia Ele era*". (*Isaías*, 43:13.)

"*Ele fez a Terra e criou nela o homem, enquanto suas mãos estenderam os céus*". (*Isaías*, 45:12.)

Tomando-se por base as anotações citadas, é compreensível reconhecer a faculdade mediúnica dos missionários por fonte das melhores informações alusivas ao Cristo ou sobre as diversas moradas contidas no Universo, antecipando, singularmente, as revelações da Ciência, no curso dos milênios.

Emmanuel assegura que os grandes iniciados do Egito, por meio da mediunidade, detinham extraordinários conhecimentos a respeito da existência do Deus único, do degredo deles à face da Terra, da comunicação dos mortos, da pluralidade de existências, dos mundos habitados e do grande julgamento.

Foi ainda por via mediúnica que os egípcios obtiveram notícias sobre o fim de seu degredo na Terra e de seu regresso aos planos de origem, pelo que foram inspirados à construção das pirâmides que guardam singulares profecias sobre o porvir, além de perpetuarem sua memória às civilizações atuais e futuras do orbe terreno.

Os astecas, também por via mediúnica, detinham informações sobre o fim de sua civilização, de que Fernão Cortez se constituiu de instrumento, em 1519, enquanto os maias se reportam ao juízo final, com início por eles assinalado para dezembro de 2012.

Finalmente, pode-se concluir que as profecias sobre o domínio do Cristo, na criação das estrelas e na eternidade de suas origens, estabelecem parâmetros para melhor se definir sua inquestionável evolução, enquanto os seres terrenos ainda o configuram à sua imagem e semelhança.

## 49

# *O Divino Hóspede*

*"Antes que se formasse a Terra, de eternidade em eternidade, tu és o Senhor."*

(Miqueias, 5:2 e Salmos, 90:2.)

O exame do presente texto restaura a singular nobreza do Cristo, habitualmente configurado, equivocadamente, pela criatura terrena, como semelhante a si própria.

Enquanto Miqueias mostra sua origem nos distantes dias da eternidade, o salmo refere-se a uma eternidade anterior à formação do mundo, lembrando o que consta da oração sacerdotal, em que Jesus faz alusão à sua glória com o Pai, desde os perdidos tempos que precedem à criação da Terra (*João*, 17:5).

Se a idade do sistema aproxima-se dos quatro bilhões e meio de anos, as origens do Cristo perdem-se numa eternidade anterior à criação do orbe terreno e do próprio homem, cuja origem, segundo Emmanuel, se identifica nos protozoários, há um bilhão e meio de anos. Emmanuel dilata o quadro de sua magnitude ao dizer que "Jesus faz parte de uma comunidade de Espíritos puros que, eleitos por Deus, dirigem todos os fenômenos da vida de todas as coletividades planetárias".[19]

Não obstante sua elevada condição de Espírito puro, esclarece o autor do citado livro que, ao receber no plano espiritual os Espíritos exilados da Capela, o Senhor lhes assegurou comovedora e permanente orientação nos difíceis caminhos que haveriam

---

[19] *A caminho da Luz*, cap. I.

de percorrer no mundo, no curso dos milênios, alimentando-lhes renovadas esperanças com a promessa de sua futura presença junto deles na Terra.

De significativa importância conhecer o que o Instrutor espiritual diz a respeito:[20]

> Tendo ouvido a palavra do Divino Mestre antes de se estabelecerem no mundo, as raças adâmicas, nos seus grupos insulados, guardaram a reminiscência das promessas do Cristo, que, por sua vez, as fortaleceu no seio das massas, enviando-lhes periodicamente os seus missionários e mensageiros.
>
> Eis por que as epopeias do Evangelho foram previstas e cantadas alguns milênios antes da vinda do Sublime Emissário.
>
> Os enviados do Infinito falaram, na China milenária, da celeste figura do Salvador [...]. Os iniciados do Egito esperavam-no com as suas profecias. Na Pérsia [atual Irã], idealizaram a sua trajetória, antevendo-lhe os passos nos caminhos do porvir; na Índia védica, era conhecida quase toda a história evangélica, que o Sol dos milênios futuros iluminaria na região escabrosa da Palestina, e o povo de Israel, durante muitos séculos, cantou-lhe as glórias divinas, na exaltação do amor e da resignação, [...] através da palavra de seus profetas mais eminentes.
>
> Uma secreta intuição iluminava o espírito [...] das massas populares.
>
> Todos os povos o esperavam em seu seio acolhedor; todos o queriam, localizando em seus caminhos a sua expressão sublime e divinizada [...].

No entanto, se os sacerdotes e o povo esperavam o Redentor num carro de glórias divinas, conduzido do Céu à Terra por legião de anjos, o Cristo escolheria por berço rústica manjedoura, e escolhendo por ascendentes humildes seres, para os quais não havia lugar nas hospedarias.

Não se destaca no mundo do poder econômico, admitindo por riqueza os dotes intransferíveis do amor e da moral nem

---

[20] *Idem*, cap. III, "As promessas do Cristo".

se identifica por títulos convencionais, porque filho de um carpinteiro.

Enquanto a sua presença constitui profecia indesejável para reis e imperadores, prisioneiros de inferiores preocupações, é anotada com inusitado júbilo por desconhecidos magos que, possuidores de singulares faculdades mediúnicas e de elevados dotes morais, assinalam música celeste e vozes dos anjos que anunciam sua chegada à Terra, deixando-se orientar pela estrela que, mediunicamente, os conduz à manjedoura.

No curso de sua abençoada jornada terrena, destaca sua preferência às ovelhas desgarradas, para as quais se fez presente no mundo, anunciando o Reino dos Céus aos que sofrem o império do reinado terreno e, porque não aceitava humano testemunho, identifica-se pelas curas de enfermidades físicas ou espirituais ou pela multiplicação de pães e peixes aos enfermos ou famintos.

Apresentando-se, no cenáculo, aos apóstolos tristes e desanimados, ainda no domingo de Páscoa, confere-lhes a mensagem inolvidável de imortalidade, sustentada hoje pela Codificação, podendo-se admitir que o Cristianismo, ferido de morte no Calvário, renasce quando Jesus identifica-se, mediunicamente, aos discípulos.

50

# *Bom pastor*

*"O Senhor é o meu pastor."*
(João, 10:11 e Salmos, 23:1.)

O título que identifica o salmo de Davi anota referência ao seguinte texto de Jesus: "*Eu sou o bom pastor. O bom pastor dá a vida pelas ovelhas, ao contrário do mercenário que, na presença do lobo, foge, deixando que as ovelhas sejam arrebatadas e dispersas. Conheço minhas ovelhas e elas me conhecem*". (*João*, 10:11 a 15.)

Interrogado sobre a condição de ser o Cristo, responde aos judeus: "*As obras que faço, em nome de meu Pai, testificam a meu respeito. Mas vós não me credes porque não sois minhas ovelhas*". (*João*, 10:25 e 26.)

Com base no que diz aos judeus, consulte a própria consciência a criatura que se admite por ovelha do Senhor, louvando-se, ainda, nas seguintes palavras: "*Aquele que alega crer em mim, além das obras que faço, outras maiores fará*" (*João*, 14:12); "*em meu nome expelirão demônios, restituindo a saúde aos enfermos, sobre os quais impuserem suas mãos*" (*Marcos*, 16:17 e 18).

Somente à legítima ovelha o Senhor promete, simbolicamente, os verdes prados e as fontes refrescantes, além de conduzi-la, sob o bordão do Evangelho, às veredas da justiça e do amor, em cujo plano nada lhe faltará, considerando, ainda, o que contém o seguinte pensamento de Paulo: "*Se a esperança em Jesus se limita apenas a esta vida, somos os mais infelizes de todos os homens*". (*I Coríntios*, 15:19.)

O vale da sombra e da morte, a que o salmo se refere, recorda o quadro das defecções morais íntimas ou a consciência dos seres imperfeitos, traduzindo, para os missionários, os planos moralmente inferiores como a Terra, onde estagiam a serviço de Jesus (*João*, 17:15).

Ao escrever o Salmo 23, Davi admitia-se por ovelha de seu aprisco. Dizendo habitar para sempre na casa do Senhor, fazia alusão à sua permanência na Terra, na condição de Espírito, depois do grande julgamento:

> O Senhor é meu Pastor, nada me faltará.
> Em verdes prados Ele me faz repousar.
> Conduz-me junto às águas refrescantes;
> Restaura as forças de minha alma.
> Guia-me pelas veredas da justiça em louvor do seu nome.
> Ainda que eu ande pelo vale da sombra e da morte, nada temerei, porque Ele está comigo; o seu bordão e o seu cajado são o meu amparo [...]
> Bondade e misericórdia certamente me seguirão todos os dias da minha vida;
> E habitarei para sempre na casa do Senhor.